청소년 공동체 바로 세우기

**Teen G3 성경·신약1 [복음시대]**

**신약과 씨름하기1 start(교사용)**

초판 1쇄 발행 | 2017. 12. 01
초판 1쇄 인쇄 | 2017. 12. 01
지은이 | 정신일
연구위원 | 천준호 목사(수원화평교회)
　　　　　송지헌 목사(함께하는교회)
　　　　　석인욱 목사(남양주우리교회)
펴낸이 | 정신일
펴낸곳 | 크리스천리더
편　집 | 성주희
교　정 | 이지선
일부 총판 | 생명의 말씀사 (02) 3159-7979
등　록 | 제 2-2727호(1999. 9.30)
주　소 | 부천시 원미구 중동 1289번지 팰리스카운티 아이파크상가 3층
전　화 | (032) 342-1979
팩　스 | (032) 343-3567
도서 출간 상담 | E-mail:chmbit@hanmail.net
Homepage | cjesus.co.kr

ISBN : 978-89-6594-235-1 04230
ISBN : 978-89-6594-234-4 (세트)

정가 : 5,000원

저자와의 협약 아래 인지는 생략되었습니다.
이 출판물은 저작권법에 의해 보호받는 창작물이므로, 무단 복제와 무단전재를 할 수 없습니다.

■ 잘못된 책은 구입하신 곳에서 바꿔드립니다.

Teen G3 성경·신약1 [복음시대]
The Great God's Grace

교사용 교재

청소년공동체 바로세우기

신약1 [복음시대]

정신일 목사

신약과 씨름하기 Start!

CS 크리스천리더

## [추천사]

현재 이 시대에 가장 시급한 과제가 있다면 다음 세대(next generation)에게 하나님의 말씀을 심는 일입니다. 무엇보다 성경에 기초한 기독교 교리를 청소년 시기에 심는 일은 매우 중요한 과제입니다. 누구나 알고 있는 이 분명한 방향 앞에 말씀을 체계적으로 그리고 쉽고 재미있게 심어주는 일은 결코 쉽지 않습니다.

그런 의미에서 성경을 바탕으로 기독교 교리를 쉽게 가르칠 수 있도록 계발한 이 책은 매우 유용할 것으로 확신합니다.

또한 현장에서 섬기는 청소년 사역자들의 생생한 가르침이 녹아들어 청소년들을 세워 나가는 일에 큰 도움이 될 것입니다. 지금 바로 사역의 현장에서 활용할 수 있는 이 책을 모든 청소년 사역자들과 교회학교 중고등부 교사들에게 기꺼이 추천합니다.

- 황성건 목사 (사/청소년선교횃불 대표, 제자로교회 담임, 국제코스타 강사)

## [저자서문]

몇년전 수능이 끝난 그 다음 주에 고3 아이들 상당수가 예배에 나오질 않았습니다. 저는 아이들이 공부에 따른 후유증과 피곤이 겹쳐서 그런가보다 생각했는데, 나중에 알고보니 그 주에 친구가 다니는 교회에 다들 몰려 갔다는 사실을 알게 되었습니다.

이들이 친구 교회로 간 이유가 가관이었습니다. 친구교회에서 고3 수험생을 위한 행사가 있었는데 그 교회 예배에 참석만 하면 VIPS 시식권을 준다고 했다는 겁니다. 그리고 고3 아이들은 소리소문 없이 저희교회를 떠났습니다.

그 일이 있은 후 저는 많은 생각을 하게 되었습니다. 교회가 이래서 되겠는가? 그때 목회자로 아픈 기억을 더듬으면서 앞으로는 내 교회를 사랑하고 내 교회에 대한 소속감을 갖고 신앙생활을 하는 학생들로 철저히 교육해야겠다는 생각을 하게 되었습니다. 그래서 이 교재는 특별히 청소년들을 내 교회 아이들로 세운다는 분명한 목적의식을 가지고 집필하였습니다.

이 교재가 지향하는 것은 지식교육이 아닙니다. 하나님을 향한 믿음과 사상으로 무장시키는 교육입니다. 절대로 논리적이고 과학적이며 합리적인 판단을 요구하는 가르침이 아닙니다. 습관을 위한 교육이며 '왜?', '어떻게?'에 대한 답을 제시하려 나름대로 몸부림친 결과입니다. '왜 예수를 믿어야 하는가?', '예수 믿는 자로 어떻게 살아야하는가?'에 대한 답을 찾는 과정입니다.

G3 시스템은 제 목회의 종합적인 커리큘럼이기도 합니다.

G3는 (The Great God's Grace)의 약자로 "위대한 하나님의 은혜"라는 뜻인데 모든 배움의 모토가 오직 하나님의 은혜 안에 있음을 고백합니다.

이 교재는 Teen G3 성경 신약1(복음시대)로 G3 0단계 1~4권과 G3 1, 2단계(복음+전도)와 3, 4단계(양육+리더)를 마친 이후 사용하시는 교재입니다.

하지만 교회 형편에 따라 성경을 가르치는데 촛점을 맞추고자 하신다면 이 교재를 먼저 선택해도 좋습니다.

이 땅의 모든 청소년들이 주님 품으로~ 저자 기쁨의 교회 정신일 목사

반드시 필요한 내용만을 선별하여 집필하였지만 신약1[복음시대] 내용 분량이 많을수 있습니다. 분량이 많다 생각하시면 꼭 한주에 1과를 목표로 하지 마시고, 15~20주로 나누어 배움의 시간을 늘려서 사용하셔도 좋습니다. 배우는 양보다 소화력이 중요합니다.

반드시 이 교재의 교사용 지침서를 꼭 몇 번 정독하시기 바랍니다.
이 교재 Teen G3 성경 배우기 시리즈로 총 4권으로 구성되어있습니다. 1권은 구약 1과정으로 [천지창조~사사시대]까지 중요 사건과 내용을 중심으로 구약흐름을 이해하는데 초점을 두고 기획하였습니다. 2권은 [이스라엘의 통일왕국과 분열왕국] 시기를 다루게 됩니다. 3권은 사복음서를 중심으로 [복음시대]의 사건을 다룰 것입니다. 4권은 예수님께서 승천하신 이후 사도들의 전도로 교회가 세워지고 복음이 전파되는 [교회시대]를 다룰 것입니다. 이 교재는 성경의 흐름을 연대기적인 이해를 하는데 그 목적을 두고 집필하였습니다. 가르치는데 힘쓰시는 교사 선생님들이 다 되시기 바랍니다.

[이 교재의 특징]
첫째, 구약과 신약의 역사적 흐름을 이해하는데 촛점을 맞추어 집필하였습니다.
둘째, 성경의 중요 핵심 내용들을 배우고 이해하는데 촛점을 두고 기획하였습니다.
성경의 흐름을 파악하고 그 사건들속에 나타난 하나님의 계획과 뜻을 이해하는데 촛점을 두었습니다.
셋째, 모든 내용은 말씀의 근거로 기획되었습니다.
이 교재는 반드시 성경말씀을 근거로 하였고, 그 말씀의 구절을 기록하였습니다.
넷째, 생각하고 토론하고 실천하는데 집중하였습니다. 성경은 늘 우리에게 실천의 문제를 던져주고 있다. 충분히 생각하고 묵상하고 이해 해야 합니다. 또한 자연스러운 토론과 실천의 과정을 갖게하여 생활 속의 믿음으로 성장시키는데 초점을 맞추었습니다.

1년차 신앙입문    Teen G3 0단계 1~4권 [총 4권, 48주 1년 과정]
     기초과정    1권 믿음생활 시작하기 Start! (믿음의 기초 이해하기)
                 2권 복음의 기초 다지기 Start! (죄와 구원)
                 3권 믿음의 습관 길들이기 Start! (다양한 관계 속에서 믿음생활)
                 4권 성경인물 따라하기 Start! (믿음생활을 배우고 삶 속에 적용하는 과정)

2년차 상반기과정    Teen G3 1, 2단계 [복음+전도]
     리더과정    1권 전도는 부끄러운 일이 아니야 Start!
                Teen G3 3, 4단계 [양육ㅣ리더]
                2권 나는 내 교회 리더가 될거야 Start!

2년차 하반기과정    Teen G3 성경 · 구약1 [천지창조~사사시대]
     성경공부       Teen G3 성경 · 구약2 [통일왕조~분열왕조]

3년차 상반기과정    Teen G3 성경 · 신약1 [복음시대]
     성경공부       Teen G3 성경 · 신약2 [교회시대] - 곧 출간 됩니다.

청소년 공동체 바로 세우기 | Teen G3 성경·신약 [복음시대]

# 교재의 구성과 사용법

### 제목, 공과목표
매 과에 제목과 공과목표를 볼 수 있도록 기록하였다.

### 마음열기
매 과의 주제와 그에 맞는 삽화가 수록되어 있다. 삽화의 내용은 세 명의 주인공이 성경의 스토리를 좇아 탐험하며 그 과에 맞는 성경내용이나 상황을 설명하거나 보여준다. 하단에는 질문을 통해 서로의 생각을 나누어 볼 수 있도록 하였다.

### 말씀살피기
매 과마다 주제 말씀이 기록되어 있고 말씀을 근거로 질문에 답을 하도록 구성하였다. 문제에 대한 답을 기록하지만, 정답을 맞추는 것이 중요한 게 아니라 그 문제가 의도한 바를 잘 이해하는 것이 중요하다. 성경이 말하는 생각의 틀을 바꾸는 것이 중요한 것이다.

### [알고 넘어가기]
[말씀살피기]가 성경의 시대순 흐름에 맞춰 중요한 부분을 배우고 넘어가는 코너라면 [알고 넘어가기] 그 시대순의 흐름가운데 추가적이고 심화적인 내용을 확인하도록 구성하였다.

### 나누고 실천하기
한 과를 마무리하면서 이야기를 나누고 실천해야 할 사항들을 확인하고 서로 토론하는 부분이다.

### 한줄 정리하기~^^
매과마다 한줄로 그과의 중요한 내용을 기록해놓았다. [나의소감]을 통해 이과를 배운 소감과 다짐을 적어보게 한다.

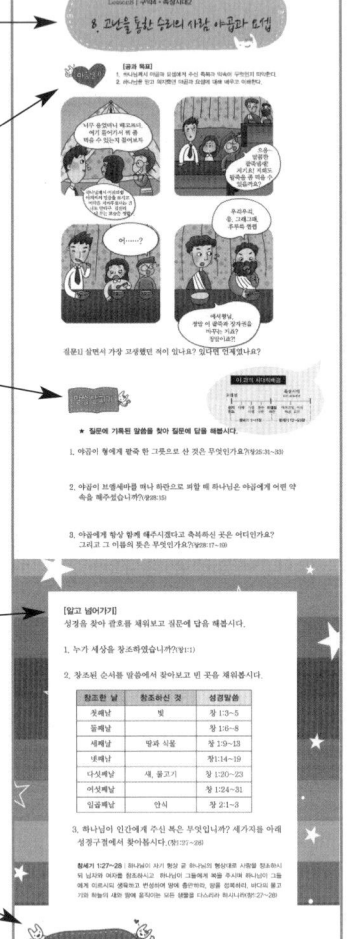

# Contents

추천사/저자서문 · 4
이 교재의 특징 · 5
교재의 구성과 사용법 · 6

1. 구약의 예언대로 오신 메시야 | [신약1 · 신약의 시작 - 메시야 오심] · 10

2. 한 예수님을 바라본 4명의 저자들 | [신약2 · 복음서 이해하기] · 22

3. 예수님의 사역들 | [신약3 · 예수님의 생애] · 27

4. 마태복음과 마가복음 | [신약4 · 복음서 살피기1] · 34

5. 누가복음과 요한복음 | [신약5 · 복음서 살피기2] · 46

6. 예수님 탄생과 유년시절 | [신약6 · 공생애 이전의 예수님1] · 58

7. 세례 받으심과 세 가지 사단의 시험 | [신약7 · 공생애 이전의 예수님2] · 64

8. 제자를 택하신 예수님 | [신약8 · 예수님의 공생애 사역1] · 71

9. 예수님은 이렇게 가르치셨다 | [신약9 · 예수님의 공생애 사역2] · 85

10. 예수님께서 행하신 놀라운 기적의 사건들 | [신약10 · 예수님의 공생애 사역3] · 94

11. 날 위해 십자가 지신 예수님 | [신약11 · 예수님의 공생애 사역4] · 102

12. 승리의 대박 사건, 예수님의 부활 | [신약12 · 예수님의 공생애 사역5] · 109

# 자, 이제~ 성경 이야기 세계로 떠나자!

학생들의 웃음소리로 가득한 수요일. 각 교실에서는 수업을 듣고 있는 학생들로 가득하다. 그러던 어느 날, 수학여행을 떠나게 된 OO 고등학교 학생들은 아침 일찍 학교 운동장으로 모이고 있고 다른 친구들과 다름없이 수학여행을 가기 위해 집을 나선 김진리, 유정확, 남건 이 세 아이들은 특별

한 경험을 하게 된다. 선생님의 심부름으로 학교 뒤 소각장에 가게 된 아이들 앞에 갑자기 희미한 빛이 비치는 숲이 나타났다.
그 빛이 비추이는 숲을 바라보니 '구약의 숲'이라고 쓰여져 있는 글자가 저들 눈에 선명히 보였다. 호기심에 그 빛을 따라 들어간 아이들 앞에는 지금껏 상상하지 못한 광경이 눈앞에 펼쳐지게 되는데…….

**[등장인물 설명]**

김진리 (17세 고1 여학생)
예쁘장한 얼굴에 선한 눈매의 꿈 많은 소녀. 무엇보다 하나님을 사랑하고 신실한 믿음을 가진 18살 소녀. 성경에 대해 궁금한 점도 많고 가끔은 성경이 펼쳐지고 있는 시대로 뛰어 들어가 여러 인물들을 만나고 싶다는 생각을 하기도 하는 조금은 엉뚱하기도 한 소녀이기도 하다.

**유정확**(17세 고1 남학생)

학교에서 성적도 좋고 늘 상위권을 놓치지 않는 수재이지만 신앙에 있어서는 눈으로 보고 확인해야 믿는 의심이 많은 철부지 소년. 어렸을 적부터 부모님을 따라 교회에 나가긴 했지만 성경은 온통 믿어지지 않는 것들이라고 말하며 자신의 이성과 지식을 의지해 하나님을 믿으려고 한다.

**남건**(17세 고1 남학생)

OO 고등학교의 알아주는 불량학생. 건들건들하고 단정하지 못한 아이. 수업시간엔 늘 잠자기 바쁘고 선생님 몰래 친구들과 놀러 다니는 건 삶의 일부가 되어 있다. 엄마와 함께 교회는 나가지만 그곳에서도 별반 다를 게 없는 문제아.
가끔은 엄마 몰래 교회에 가지 않고 친구들과 노래방, 게임방을 전전한다.

**천사**
주인공들의 구약과 신약의 숲으로 여행을 인도해주고 도와주는 천사.

자~ 흥미진진한 성경 이야기와 말씀의 세계로 출발~!!

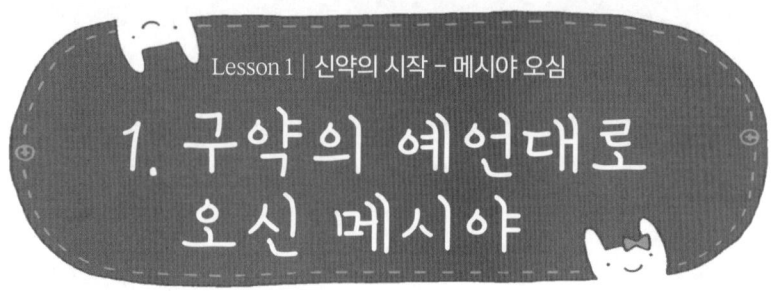

Lesson 1 | 신약의 시작 - 메시야 오심

# 1. 구약의 예언대로 오신 메시야

[공과목표]
1. 예수님은 구약 성경의 예언대로 오셨다는 사실을 이해시킨다.
2. 신약성경 27권에 대한 저자 및 집필 목적을 이해시킨다.

[질문] 친구 혹은 주변의 사람들과 한 약속을 어긴 적이 있나요? 약속을 어긴 후에 어떤 일이 있었나요?

설명 | 살다보면 사람들과 한 약속을 까먹거나 피치 못한 사정이 생겨 어기게 되는 경우가 있습니다. 피치 못할 사정일 때는 먼저 양해를 구하면 충분히 이해하고 편의를 봐주지만 단순히 까먹거나 귀찮아서 약속을 어기게 된 것이라면 상대방은 기분이 상하고 불쾌하게 되지요. 그래서 심하면 약속을 어긴 것 때문에 상대방과의 관계가 소원해지거나 싸우기도 합니다. 그래서 약속은 참 중요한 것 같습니다. 그래서 우리는 누군가와 약속을 할 때 그것에 대한 책임감을 가질 필요가 있지요. 그런데 오늘, 약속대로 이 땅에 오신 분이 계십니다. 그분은 구약의 예언대로 이 땅에 오셔서 우리의 죄를 대신 지셨고 우리를 구원하셨습니다. 오늘 말씀을 통하여 그분은 누구시고 그분에 대한 예언이 구약에 어떻게 나타나 있는지 함께 알아보는 시간을 가져보시길 바랍니다.

### 1. 하나님은 아브라함에게 어떤 약속을 하셨나요?

내가 너로 큰 민족을 이루고 네게 복을 주어 네 이름을 창대하게 하리니 너는 복이 될지라 너를 축복하는 자에게는 내가 복을 내리고 너를 저주하는 자에게는 내가 저주하리니 땅의 모든 족속이 너로 말미암아 복을 얻을 것이라 하신지라(창12:2-3)

그를 이끌고 밖으로 나가 이르시되 하늘을 우러러 뭇별을 셀 수 있나 보라 또 그에게 이르시되 네 자손이 이와 같으리라(창15:5)

정답 : 큰 민족을 이루어 주시고 복을 주시고 네 이름을 창대케 하시고 자손 번성의 약속을 주셨다.


### 2. 하나님은 모세를 통해 이스라엘에게 어떤 약속을 하셨습니까?

세계가 다 내게 속하였나니 너희가 내 말을 잘 듣고 내 언약을 지키면 너희는 모든 민족 중에서 내 소유가 되겠고 너희가 내게 대하여 제사장 나라가 되며 거룩한 백성이 되리라 너는 이 말을 이스라엘 자손에게 전할지니라(출19:5-6)

정답: 모든 민족 중에서 내 소유가 되고 제사장 나라가 되고 거룩한 백성이 될 것이다.


### 3. 앞으로 날이 이르면(메시야가 오시면) 새 언약이 맺게 될 것인데 그 언약은 어떤 특징이 있습니까?

여호와의 말씀이니라 보라 날이 이르리니 내가 이스라엘 집과 유다 집에 새 언약을 맺으리라 이 언약은 내가 그들의 조상들의 손을 잡고 애굽 땅에서 인도하여 내던 날에 맺은 것과 같지 아니할 것은 내가 그들의 남편

이 되었어도 그들이 내 언약을 깨뜨렸음이라 여호와의 말씀이니라 (렘 31:31-32)

정답: 새 언약 - 출애굽 당시에 맺었던 언약과는 다른 언약

### 4. 예수님께서(메시야) 오셔서 마지막 만찬 때 제자들에게 어떤 언약을 세우셨습니까?

저녁 먹은 후에 잔도 그와 같이 하여 이르시되 이 잔은 내 피로 세우는 새 언약이니 곧 너희를 위하여 붓는 것이라 (눅 22:20)

정답: 예수님의 피로 세우는 새 언약을 세우셨다.


[어떻게 가르칠까?]
이번 과는 약속에 대한 부분입니다. 예수님은 어느날 갑자기 오신 분이 아니라, 구약시대 때부터 이미 예언되어졌고, 하나님의 계획과 작정 가운데 때가 차매 오신 분이라는 사실을 잘 이해시켜주시기 바랍니다.
또한 예수님은 약속대로 오셔서 약속대로 가르치시고 구속의 사명을 완성하시고 약속대로 승천하셨으며, 장차 성경에 기록된대로 세상을 심판하실 주님으로 다시 오시기로 약속하고 계십니다.
성경은 이런 약속의 책이라는 사실을 잘 알려주세요.


**티칭포인트 | 성경은 약속이다**
성경은 하나님과 우리와의 약속을 말하고 있습니다.
구약과 신약, 즉 옛 약속과 새 약속을 우리에게 주셨습니다. 신약의 시작에서 우리가 기억해야할 것은 하나님의 약속이 새롭게 갱신되었다는 점입니다.
성경은 하나님께서 우리를 얼마나 사랑하고 계신지 확인시켜 주고 있는 책이고, 또한 전 인류를 죄에서 구원시키고자 하시는 하나님의 의지가 담겨있는 책입니

다. 하나님은 믿음의 시조 아브라함을 통해 그리고 모세와 많은 선지자를 통해 당신의 언약의 내용을 선포하셨습니다.

약속(언약)은 혼자할 수 없는 것입니다. 혼자만의 약속은 약속이라기보다 다짐이지요. 약속은 쌍방간의 합의에 의해 이루어지는 것입니다.

구약성경에서 언약은 계약 당사자 모두 그 동의된 내용을 받아들이는 쌍방 언약이 있었습니다.(창 31:43-46; 삼상 18:3-4; 말 2:14).

주로 국가 상호간의 불가침이나 안전과 평화를 위해서(창 31:50-52; 수 9:15, 21), 우정을 위해서(삼상 18:3), 매매나 교역 촉진을 위해서(왕상 5:6-11; 렘 32:10-12), 군사적 동맹을 위해서(왕하 15:18-19) 이루어졌습니다.

또한 언약 중에는 권위나 능력 등에서 유력한 위치에 있는 쪽이 주도하는 일방 언약도 있었습니다(겔 17:13-14).

반면에 구약에 나타난 하나님의 언약의 대상은 이스라엘 백성과 전 세계를 위한 구속의 언약이었는데, 죄인들을 구원하시기 위한 하나님의 일방적인 약속이었습니다(신 7:6-8; 시 89:3-4). 하나님의 이런 약속은 약속이라기보다 아무런 능력도 없는 인간에게 주시는 하나님의 놀라운 은혜인 것입니다.

**티칭포인트 | 구약의 가장 큰 예언의 성취, 메시야 오심**

신약에 가장 큰 예언의 성취는 구약의 예언대로 메시야가 오셨다는 사실일 것입니다. 메시야는 '기름부음을 받은 자' 라는 의미로(헬라어 그리스도와 같은 의미임), 왕과 선지자, 제사장에게 행하던 의식이었습니다.

하지만 이는 하나님의 의를 실현하고 인류의 구원할 한 사람 메시야로 점차 좁혀져갔고, 결국 메시야의 도래를 갈망하는 메시야 대망사상으로 이어져갔습니다. 마침내 예수님께서 말씀이 육신이 되셔서 세상에 오셨고, 3년 간의 공적사역을 감당하시게 됩니다.

예수님은 우리 죄를 친히 대속하시기 위해 십자가상에서 속죄제물이 되심으로써 그의 피의 공로를 힘입어 언약을 새롭게 하셨으며(마 26:28; 고전 11:25) 이제 모든 구속의 길은 예수님을 통해, 더 이상 피흘림의 제사가 필요없는 완전하고도 유일한 구속의 언약이 되었습니다. 이때, 그의 제자들에 의해 예수님의 생애와 가르침을 기록한 책이 바로 복음서들입니다.

[알고 넘어가기]

## 신약성경 27권 전체 분류확인하기

1. 아래의 도표는 신약성경 총 27권에 대한 구분과 저자와 집필목적에 따른 구분입니다. 빈칸에 알맞은 답을 채워봅시다.

| 구분 | | 성경 | 저작자 | 집필목적 |
|---|---|---|---|---|
| 복음서 | 공관복음 | 마태, 마가, 누가 | 마태 마가 누가 요한 | (예수님)의 생애와 가르침 기록 |
| | | (요한)복음 | | |
| 역사서 | | 사도행전 | 누가 | 초대교회 역사와 사도들의 행적 기록 |
| 서신서 | 바울서신 | 로마서, 고린도전서, 고린도후서, 갈라디아서, 데살로니가전서, 데살로니가후서, 디모데전서, 디모데후서, 디도서, 옥중서신-에베소서, 빌립보서, 골로새서, 빌레몬서 | (바울) | 각 교회에 보낸 편지들로 교회의 문제들에 대한 바울의 권면 및 기독교 복음의 해석 |
| | 일반서신 | 히브리서, 야고보서, 베드로전서, 베드로후서, 요한일서, 요한이서, 요한삼서, 유다서, | 바울 이외의 저작자들 | 그리스도의 형제애, 용서, 제사장 직, 구원, 그리스도의 재림, 거짓교훈에 대한 경고, 복음의 확실성 등이 기록되어 있다. |
| 예언서 | | (요한계시록) | 요한 | 죄악과 세상을 이긴 교회와 그리스도의 승리 |

[어떻게 가르칠까?]

신약성경 27권의 구분과 저자 그리고 간략하게 집필 목적을 설명해주세요.
역사 교과서를 외우듯 세세히 설명하지 않으셔도 됩니다. 이해에 초점을 맞춰주세요. 단, 신약성경은 크게 예수님의 생애와 천국의 복음을 가르치시던 예수님의 복음시대(물론, 포괄적으로는 초대교회나 지금도 복음시대입니다. 여기서 예수님의 복음시대는 예수님께서 성육신하셔서 가르치셨던 3년 간의 공생애 기간을 의미합니다.)와 사도들에 의해

복음이 전파되던 초대교회시대로 나누어 볼 수 있습니다. 여기서 사복음서의 위치와 의미에 대해 잘 설명해주세요.

**티칭포인트 | 신약성경구분**
신약성경은 총 27권으로 나뉘어져 있습니다. 크게 보면 복음서와 서신서로 구분할 수 있는데 복음서는 마태복음(A.D 50~70년경), 마가복음(A.D 65~70년경), 누가복음(A.D 61~63년경), 요한복음(A.D 80~90년경) 총 4권으로 기록되어 있습니다.
이중에서 마태, 마가, 누가복음을 공관복음이라 부릅니다. 서로 비슷비슷한 내용들이 중첩되어 있고 시간순으로 서술되어 있기 때문입니다.
반면 요한복음은 가장 후대에 쓰여져 3개 복음서를 많이 참조하였을 것입니다. 그로인해 공관복음서에서 중첩되는 내용을 요한복음에서는 가급적 배제하고 새로운 예수님의 내용들, 특별히 다른 공관복음서처럼 갈릴리 사역의 내용은 거의 기록에 없고 대체로 유대지방에서의 그리스도의 사역을 강조하고 있습니다.

이 복음서는 모두 예수님의 가르침과 천국복음의 메시지가 담겨져 있고, 예수님의 탄생, 십자가 사건, 부활, 승천, 재림 등의 내용과 구원의 원리가 담겨있습니다.
역사서는 사도행전으로 누가복음을 기록한 누가가 기록하였습니다.

사도행전은 예수님 승천 이후, 사도들에 의해 교회가 세워지고 복음이 전파된 과정과 내용이 담겨져 있습니다.
초기는 베드로를 중심으로, 중기 이후는 사도 바울을 중심으로 이방나라 전도사역이 중심을 이루고 있습니다.

서신서는 편지글로 각 교회와 개인에게 보내는 글이며 크게 바울서신과 일반서신으로 나눌 수 있습니다. 바울서신은 로마서를 비롯한 총 13권으로 바울이 직접 교회의 문제나 권면을 기록한 내용들과 개인에게 보낸 편지글입니다.
이 서신서에는 바울의 해박한 구약의 지식으로 예수 그리스도의 메시야됨을 입증하고 복음과 구원의 핵심을 논리적으로 잘 기록하고 있습니다.
특별히 로마서에는 구원의 모든 것이 체계적이고 성경적으로 잘 기록된 서신서입니다.

바울 서신서 중에는 특별히 바울이 옥중에서 기록한 서신들이 있는데 에베소서, 빌립보서, 골로새서, 빌레몬서가 그것입니다.

일반서신은 야고보서, 베드로전서, 베드로후서, 요한일서, 요한이서, 요한삼서, 유다서로 야고보서는 예수님의 형제 야고보가, 베드로전후서는 예수님의 수제자 베드로가 기록하였고 요한 일,이,삼서는 사도요한이 기록하였습니다.

여기서 한 가지, 히브리서는 저작자가 누군지 쉽게 단정할 수 없는 서신서입니다. 사도 바울(Eusebius)이 기록했다고도 보지만 바나바(Tertullian, Zahn), 아볼로(Luther, De Wette), 누가(Clement of Alexandria), 브리스길라(Harnack) 등으로 보기도 합니다.

마지막으로 예언서는 요한복음과 요한 일, 이, 삼서의 저자인 사도요한이 밧모섬에서 하나님으로부터 계시를 받아 기록한 요한계시록이 있습니다.

## [저작연대순으로 살펴본 신약의 책들]

| | 책이름 | 저자 | 저작시기 | 저작장소 | 수신자 | 주제 |
|---|---|---|---|---|---|---|
| 1 | 갈라디아서 | 바울 | 49년 1차 전도여행 직후 | 수리아 안디옥 | 비시디아 안디옥, 이고니온, 루스드라, 더베, 그리고 남 갈라디아 | 복음을 통한 자유 |
| 2 | 데살로니가 전서 | 바울 | 50-51년, 2차 전도여행중 | 고린도 | 데살로니가의 그리스도인들 | 예수님의 재림 |
| 3 | 데살로니가 후서 | 바울 | 50-51년, 2차 전도여행중 | 고린도 | 데살로니가의 그리스도인들 | 예수님의 재림 |
| 4 | 고린도전서 | 바울 | 55년, 3차 전도여행중 | 에베소 | 고린도의 그리스도인들 | 교회 문제점 |
| 5 | 고린도후서 | 바울 | 55년, 3차 전도여행중 | 마케도니아 | 고린도의 그리스도인들 | 바울의 사역 변증 |
| 6 | 로마서 | 바울 | 55년, 3차 전도여행중 | 마케도니아 | 로마에 있는 그리스도인들 | 복음과 구원에 관한 바울의 해석 |
| 7 | 야고보서 | 예수님 동생 야고보 | 40-50년경 | 예루살렘 | 흩어진 유대 그리스도인들 | 행위로 나타나는 구원 |
| 8 | 마가복음 | 마가 요한 | 50년대후반~60년대초반 | 로마 | 로마의 비기독교인, 새로운 그리스도인들 | 종으로 오신 메시야 |
| 9 | 빌레몬서 | 바울 | 60년 | 로마 | 빌레몬과 그의 가족 및 골로새에 있는 그의 집의 교회 | 예수안에서 용서와 형제애 |
| 10 | 골로새서 | 바울 | 60년 | 로마 | 골로새의 그리스도인들 | 온 우주위의 주인 되시는 그리스도 |
| 11 | 에베소서 | 바울 | 60년 | 로마 | 에베소를 둘러싼 지역의 그리스도인들 | 교회위에 주님되시는 그리스도 |
| 12 | 누가복음 | 누가 | 60년 | 가이사랴 | 데오빌로, 비기독교인인 로마관리와 불신자들 | 사람의 아들로 오신 예수님 |
| 13 | 사도행전 | 누가 | 61년 | 로마 | 데오빌로, 비기독교인 로마관리와 불신자들 | 교회를 통한 성령의 역사 |
| 14 | 빌립보서 | 바울 | 61년 | 로마 | 빌립보의 그리스도인들 | 그리스도 안에 있는 기쁨 |
| 15 | 디모데전서 | 바울 | 62년 | 마케도니아 | 에베소에 있는 디모데 | 교회의 목양적 돌봄 |
| 16 | 디도서 | 바울 | 62년 | 니고볼리스 | 그레데에 있는 디도에게 | 교회가 지녀야할 특징들 |

| | 책이름 | 저자 | 저작시기 | 저작장소 | 수신자 | 주제 |
|---|---|---|---|---|---|---|
| 17 | 디모데후서 | 바울 | 63년 | 로마 | 에베소에 있는 디모데 | 바울사역의 증언과 디모데에 대한 권면 |
| 18 | 베드로전서 | 베드로 | 63년 | 로마 | 소아시아에 있는 그리스도인들 | 그리스도의 오심, 고난에 대한 성도의 반응 |
| 19 | 베드로후서 | 베드로 | 63~64년경 | 로마 | 소아시아에 있는 그리스도인들 | 복음의 확실성과 주의 날 |
| 20 | 마태복음 | 마태 | 60년대 | 수리아안디옥 | 수리아 혹은 팔레스타인 유대인들 | 왕으로 오신 메시야 예수 |
| 21 | 히브리서 | 저자 미상 | 60년대 | 미상 | 로마 혹은 예루살렘에 있는 유대 그리스도인들 | 그리스도의 제사장직과 구원의 뛰어남 |
| 22 | 유다서 | 예수의 동생 유다 | 60~70년대 | 미상 | 그리스도인들 | 그리스도의 오심을 바라는 믿음에 대한 논증 |
| 23 | 요한복음 | 요한 | 80년~90년대초 | 에베소 | 에베소 지역의 그리스도인들과 비그리스도인들 | 하나님의 아들로 오신 메시야 예수 |
| 24 | 요한1서 | 요한 | 80년~90년대초 | 에베소 | 에베소 중심의 그리스도인들 | 개인적 구원의 확신 |
| 25 | 요한2서 | 요한 | 80년~90년대초 | 에베소 | 에베소 근처의 한 교회 | 거짓 교훈에 대한 경고 |
| 26 | 요한3서 | 요한 | 80년~90년대초 | 에베소 | 가이오 그리스도인 | 교회안의 거짓교사들을 바라보며 책망함 |
| 27 | 요한계시록 | 요한 | 80년~90년대초 | 밧모섬 | 서부 소아시아의 일곱 교회 | 죄악을 이긴 교회와 그리스도의 최후승리 |

2. 박스 안에 성경 말씀을 찾아서 ( ) 안에 맞는 답을 찾아 채워봅시다.

> 창세기 3장 15절   이사야 7장 14절   요한복음 1장 1, 14절
> 마가복음 16장 14~20절   요한복음 14장 9~10절

1) 예수님은 죄와 마귀의 권세를 이길 (여자)의 후손으로 오셨다. (창세기 3:15)

2) 예수님은 (처녀)에 의해 잉태되어 오셨다.(이사야 7:14)

3) 예수님은 (말씀)이 육신이 되어 오신 (하나님)이시다.(요1:1, 14)

4) 예수님은 보고 체험할 수 있게 오신 성육신하신 (하나님)이시다.(요14:9-10)

5) 예수님은 죽음을 이기시고 (부활)하셨다(막16:14-20)

**티칭포인트 | 메시야 예수님의 등장**
불순종한 죄로 인해 죄가 들어왔고 그로인해 인간은 급속한 타락의 길을 걷게 되었습니다. 그러나 하나님은 메시야를 세상에 보내시어 인류 구원의 계획을 세우셨습니다.
그 계획의 시작은 놀랍게도 에덴동산에서부터 비롯됩니다. 에덴동산에서 아담과 하와가 뱀의 유혹으로 선악과를 따먹은 바로 그 시점부터 메시야의 도래가 예언되었던 것입니다.
창세기 3장 15절 말씀에 "내가 너로 여자와 원수가 되게 하고 네 후손도 여자의 후손과 원수가 되게 하리니 여자의 후손은 네 머리를 상하게 할 것이요 너는 그의 발꿈치를 상하게 할 것이니라.."

결국 이사야와 많은 선지자들의 예언대로 신약에 와서 메시야는 말씀이 육신이 되신(요1:1, 14), 성육신하신 하나님의 모습으로 세상에 오시게 되었습니다.
메시야는 근본 상고 태초의 근원적인 하나님, 마치 구약에서 때로는 천사의 모습으로 때로는 사람의 모습으로 때로는 떨기나무의 불꽃으로 오셨던 하나님의 현현이 일시적으로 계시나 당신이 사역을 잠시 완수하시고 사라졌던 것과 달리, 우리와 똑같은 모양과 육신을 입으시고 세상에 오셨습니다.
그로인해 볼 수 없었던 하나님을 우리가 보고 체험할 수 있게 되었습니다(요14:9-10).
하나님은 성육신하셔서 세상 가운데 33년 간의 삶 동안 인간들과 동고동락하시고 구속의 십자가 사역을 완수하셨고 모든 사역을 완수하신 후 본래 하나님의 모습으로 하늘에 오르셨습니다. 그분이 바로 성경이 예언한 메시야, 예수 그리스도 이십니다.

예수님은 고난과 십자가의 죽으심으로 죄에 대해 완전히 죽으심을 경험하셨고, 부활을 통해 죄와 사망에서 승리하셔서 구속과 확실한 구원을 성취하셨습니다 (막16:14-20).

예수님은 인간의 근본적인 죄를 끊으시고 하나님과 막혀버린 담을 허시고 하나님께 담대히 나아갈 수 있는 길을 여셨습니다.

우리는 예수님만 전인격적으로 받아들이고 믿는다면 확실한 구원의 길을 보장받게 되었습니다.

1) 구약성경에 예언된 메시야가 예수님이시며 예수님께서 언약을 성취하신 사실을 믿나요? 그렇지 않다면 그 이유는 무엇인가요?

**가이드 |** 구약은 예수님의 오심을 예언하고 있으며 신약은 그 언약이 성취됨을 보여주고 있습니다. 이것이 믿어지지 않는다면 먼저 그 이유를 들어주신 후에 구약에 예언된 그리스도의 예표를 함께 찾아보시며 직접 확인하는 시간을 가져보세요.

2) 한주간 하나님과의 약속을 지키는 시간을 가져봅시다. 예수님을 닮아가기 위해 할 수 있는 일을 적어보고 실천하여 하나님과의 약속을 지켜보아요.

**가이드 |** 예수님이 어떤 분이신지를 먼저 함께 나눠보시고 그 성품을 닮아가기 위한 노력은 무엇이 있는지 생각해보도록 하시면 좋습니다. 예수님을 닮아가기 위해 내가 할 수 있는 일에는 시간을 정하여 말씀읽고 기도하기, 하루에 세 번 감사고백하기, 주변 사람들에게 사랑 베풀기 등이 있습니다.

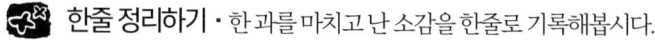

한줄 정리하기 · 한 과를 마치고 난 소감을 한줄로 기록해봅시다.

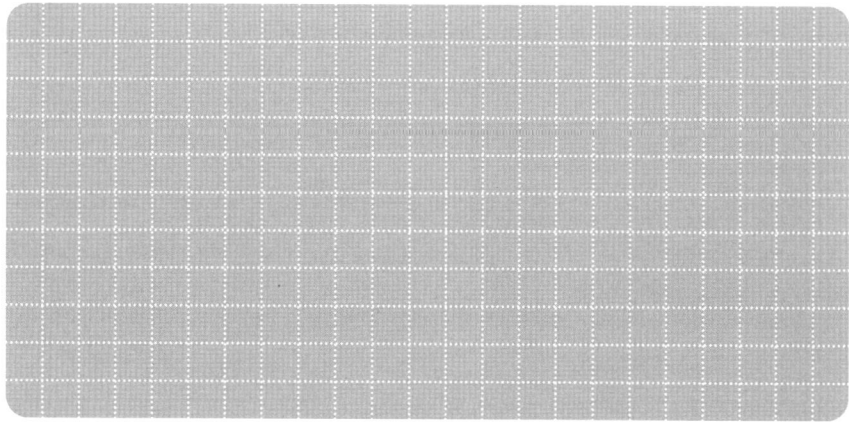

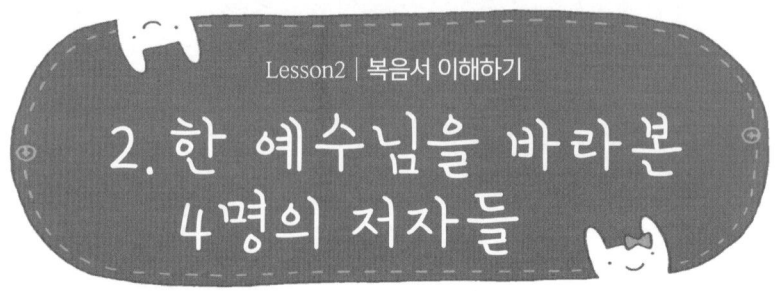

Lesson2 | 복음서 이해하기

# 2. 한 예수님을 바라본 4명의 저자들

[공과목표]
1. 사복음서의 주요 내용을 이해시킨다
2. 예수님께서 세상에 오신 이유를 잘 알고 예수님과 복음과의 관계를 잘 이해시킨다

[질문] 친구들과 공유하고 있는 한 가지 추억에 대해 나눠봅시다(예: 수련회에서 있었던 일, 함께 놀러갔던 일 등). 서로 기억하고 있는 것들 중 다른 점은 무엇인가요?

**설명 |** 우리에게는 다양한 추억이 존재합니다. 그중에서도 아이들이 함께 신앙생활을 하며 하나의 추억을 공유할 수 있다는 것은 돈으로도 살 수 없는 매우 소중한 것이지요. 먼저 아이들 사이에서 서로가 기억하며 함께했던 추억에 대해 자유롭게 나눠보도록 합시다. 그리고 그 이야기를 한 사람씩 발표해보도록 해보세요.

똑같은 장소와 시간에서 함께 공유한 추억이지만 아이들 각자가 기억하고 있는 것은 모두 다를 것입니다.

이는 각 사람에게 인상깊었던 것, 각 사람이 중요하게 생각하는 것들을 우선적으로 기억하고 저장하기 때문이지요. 이러한 과정을 통해 오늘 등장하는 4명의 저술가의 특징에 대해서 설명해주시면 좋습니다.

1. 복음서 기자들은 예수님께서 세상에 오신 목적이 무엇이라 말하고 있나요?

인자가 온 것은 섬김을 받으려 함이 아니라 도리어 섬기려 하고 자기 목숨을 많은 사람의 대속물로 주려 함이니라(막10:45)

인자가 온 것은 잃어버린 자를 찾아 구원하려 함이니라(눅19:10)

정답: 섬기러 오셨고, 잃어버린 자를 찾아 구원하러 오셨다.

2. 예수님께서 항상 습관적으로 해오셨던 일은 무엇이었습니까? 아래의 성경구절을 참고하여 괄호를 채워봅시다.

15 예수의 소문이 더욱 퍼지매 수많은 무리가 말씀도 듣고 자기 병도 고침을 받고자 하여 모여 오되 16 예수는 물러가사 한적한 곳에서 (기도)하시니라(눅5:15-16)

12 이 때에 예수께서 (기도)하시러 산으로 가사 밤이 새도록 하나님께 (기도)하시고 13 밝으매 그 제자들을 부르사 그 중에서 열둘을 택하여 사도라 칭하셨으니 (눅6:12-13)

정답: 기도

[알고 넘어가기]

사복음서 핵심내용 이해하기

1. 아래 도표의 빈칸을 채워봅시다.

| 성경 | 저작연도 | 저작자 | 수신자 | 주요 내용 |
|------|---------|--------|--------|-----------|
| 마태복음 | A.D 60년경 | 예수님의 (제자)마태 | 유대인 | (왕)으로 오신 메시야 |
| 마가복음 | A.D 50~60년경 | 마가요한 | 로마인 | 여화와의 종, 거룩한 순종의 (종)(사42:1)으로 오신 메시야 |
| 누가복음 | A.D 61~63년경 | 누가 | 헬라인 | (인간)으로 오신 메시야 (예수님의 인성강조) |
| 요한복음 | A.D 80~90년경 | 사도요한 | 헬라적 사고에 익숙한 디아스포라 유대인들과 전세계인 | (하나님)되신 메시야 (예수님의 신성강조) |

[티칭포인트] 예수님의 기도

예수님은 무엇보다 기도의 본을 보이신 분이십니다. 공생애 시작부터 40일간 금식 기도로 사역을 시작하셨습니다. 감람산 겟세마네는 예수님의 주요 기도처였습니다. 예수님은 홀로 한적한 곳을 찾아 기도하시기도 하셨고, 제자들과 함께 자주 기도하러 산에 오르시기도 하셨습니다. 뿐만아니라, 제자들에게 늘 기도할것을 명하셨습니다. 겟세마네의 처절한 기도의 내용과 십자가 상에서의 하신 말씀도 하나님께 향한 기도의 내용이 대부분이었습니다.

특별히 요한복음 17장은 예수님께서 우리를 위한 중보자적 기도로 큰 의미와 사랑을 느낄수 있는 기도문이라 할수 있습니다.

[어떻게 가르칠까?]

복음서에 4명의 저술가(마태, 마가, 누가, 요한)는 각기 성령의 영감으로 또한 본인의 개성적인 지성과 감성 및 표현력으로, 그리고 사건을 본 각기 다른 관점으로 예수님의 생애와 가르침을 기록하고 있습니다. 예수님께 직접 가르침을 받았던 제자(마태, 요한)도 있었지만, 그렇지 못한 제자(누가, 마가요한)도 있습니다.
그렇다 보니 예수님에 대한 서술에 다소 차이가 있기도 합니다. 하지만 소소한 상이점은 잘못 기록된 것이 아닌 각기 저술가들이 보는 관점의 차이에서 오는 것임을 이해해야할 것입니다. 무엇보다 사복음서의 특징과 기록목적을 설명해주셔서 잘 이해할 수 있도록 이끌어주세요.

**티칭포인트** | 사복음서 비교
사복음서는 복음전파와 예수님의 행적의 기록이라는 공통된 집필목적을 가지고 있지만, 사복음서 모두 글을 읽는 대상이 다르기 때문에 그 대상에 맞추어 기록하여 강조점이 조금 달랐습니다.
마태복음은 유대인들을 대상으로 기록되었기 때문에 유대인들에게 전해준 복음의 메시지가 그 핵심을 이루고 있습니다.
그래서 마태는 마태복음에서 예수님의 왕적 혈통의 정통성을 강조하고 있고, 세상의 왕으로 오신 예수 그리스도를 그 초점으로 삼고 있습니다.
첫 장부터 예수님의 족보가 나열된 이유도 정통성과 혈통을 중시하는 유대인들의 경향을 잘 반영하였던 것입니다. 마태는 저들이 바라는 메시야 대망사상을 누구보다 잘 알았기에 유대인이 원하는 세상의 왕적 메시야, 다윗 왕 시대 회복을 원하는 열망을 잘 반영하여 집필하였습니다.

반면, 마가복음은 로마인을 상대로 기록하였습니다. 그렇기에 마태복음처럼 혈통을 강조하기 위해 족보까지 자세히 기록하고 확인하면서 세상의 왕 되신 예수 그리스도를 증거하는 그런 식이 아니라, 그리스도가 거룩한 순종의 종(사42:1)이라는 사실을 강조하며 하나님 아버지에 대한 순종으로 세상에 종이 되셨다는 사실을 표현하고 있습니다.

누가복음은 헬라인을 대상으로 기록되었습니다. 당시 헬레니즘의 인문주의적인 철학적 특징 때문에 그런지 예수님의 인성이 많이 강조되어 있습니다. 예수님이 사람의 아들로서 완전한 인간(슥6:12)이심을 기록하고 있고 예수님은 우리의 필요를 채워주시고 응답해주시는 분으로 기록하고 있습니다.

반면에 요한복음은 헬라적 사고에 익숙한 디아스포라 유대인 및 전세계 이방인을 대상으로 쓰여졌고, 예수님의 신성이 강조되어 있습니다.

공관복음서와 요한복음은 내용과 서술에도 많은 차이가 있습니다. 공관복음은 간단하며 형식은 비유적이고 교훈적이지만, 요한복음은 긴 강론형식으로 되어 있습니다.

1) 예수님을 생각할 때 떠오르는 생각은 무엇인가요? 단어나 문장 혹은 그림으로 표현해도 좋습니다. 자유롭게 표현해보아요.

**가이드 |** 오늘 배운 말씀처럼 우리도 각자가 알고 느낀 예수님의 모습과 생각, 떠오르는 생각이 다를 것입니다. 우리 친구들이 다양한 방법으로 표현해보도록 인도해주세요.

2) 내가 알고 있는 예수님에 대해 모두 서술해보세요. 그리고 그 후에 친구들과 발표해보고 서로의 글에 각각 어떤 특징이 있는지 비교하며 나눠봅시다.

**가이드 |** 우리 친구들 각자가 그동안 믿음생활을 하며 배우고 깨달은 것들을 바탕으로 예수님에 대해 글을 적을 것입니다. 그리고 그것은 각자가 가지고 있는 예수님에 대한 지식에 개인적인 개성, 생각, 성격 등이 첨부되어 표현되어질 것이지요. 서로 발표하며 예수님 한분에 대한 다양한 시각을 확인하고 비교해보는 시간을 가져보세요.

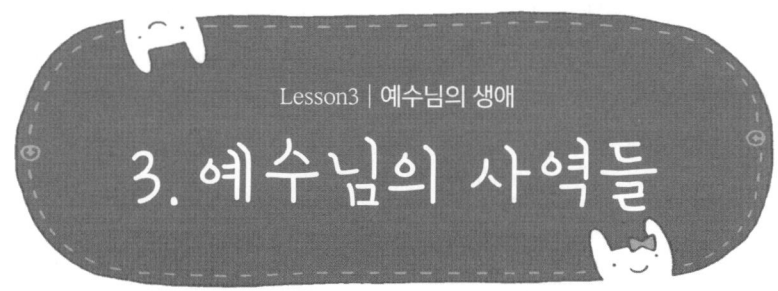

# 3. 예수님의 사역들

Lesson3 | 예수님의 생애

[공과목표]
1. 복음서에 나타난 예수님의 주요 사역들을 살펴보게 한다.
2. 니고데모와의 대화를 통해 거듭남에 대해 이해시킨다.

[질문] 내 인생의 스토리
내 인생그래프를 그려봅시다. 그동안 살면서 경험한 일들 중 인상깊었던 것을 중심으로 그려보면 좋습니다.
다 그린후 서로 발표하는 시간을 가져 봅시다.

설명 | A4 용지와 볼펜을 학생수에 맞에 준비해서 전반적인 내 인생의 스토리, 혹은 그래프를 그려보게 합니다.

우리는 살면서 여러 가지 일들을 겪게 됩니다. 그리고 그것을 통해 깨닫고 성숙해지지요. 혹 누군가는 기억하고 싶지 않은 인생의 슬럼프나 힘든 일이 있을 수도 있을 것입니다. 이이들 스스로 충분한 시간을 가지며 인생의 그래프를 그려보도록 하세요. 그리고 그후에 각자 자신의 짧다면 짧은 인생을 돌아보며 어떠한 일들이 있었는지 다시 한번 되새김질하는 시간을 가져보는 것도 좋습니다. 또한 이를 통해 친구들이 서로를 좀 더 깊이 이해하는 시간이 될 수 있을 것입니다.
예수님께서도 이 땅에 오셔서 하신 일들이 있습니다. 오늘 이 시간 함께 살펴보며 예수님의 넓고 깊은 사랑을 체험할 수 있기를 소망합니다.

1. 예수님의 탄생과 사역을 그림으로 표현한 것입니다. 그림의 원 안에 탄생부터 부활까지의 내용의 순서대로 번호를 적어보세요.

- 물을 포도주로 만드심 ③
- 산상수훈 ⑤
- 예수님의 탄생 ①
- 세례받으심 ④
- 예루살렘 입성 ①
- 십자가에 달려죽으심 ⑥
- 소년예수, 랍비들과 대화 ②
- 부활하심 ⑦

[알고 넘어가기]

영생의 도를 깨달은 니고데모

아래의 성경 본문을 깊이 묵상해보고, 질문에 답을 해봅시다.

[본문: 요한복음 3:1~16]

[1] 그런데 바리새인 중에 니고데모라 하는 사람이 있으니 유대인의 지도자라 [2] 그가 밤에 예수께 와서 이르되 랍비여 우리가 당신은 하나님께로부터 오신 선생인 줄 아나이다 하나님이 함께 하시지 아니하시면 당신이 행하시는 이 표적을 아무도 할 수 없음이니이다 [3] 예수께서 대답하여 이르시되 진실로 진실로 네게 이르노니 사람이 거듭나지 아니하면 하나님의 나라를 볼 수 없느니라 [4] 니고데모가 이르되 사람이 늙으면 어떻게 날 수 있사옵나이까 두 번째 모태에 들어갔다가 날 수 있사옵나이까 [5] 예수께서 대답하시되 진실로 진실로 네게 이르노니 사람이 물과 성령으로 나지 아니하면 하나님의 나라에 들어갈 수 없느니라 [6] 육으로 난 것은 육이요 영으로 난 것은 영이니 [7] 내가 네게 거듭나야 하겠다 하는 말을 놀랍게 여기지 말라 [8] 바람이 임의로 불매 네가 그 소리는 들어도 어디서 와서 어디로 가는지 알지 못하나니 성령으로 난 사람도 다 그러하니라 [9] 니고데모가 대답하여 이르되 어찌 그러한 일이 있을 수 있나이까 [10] 예수께서 그에게 대답하여 이르시되 너는 이스라엘의 선생으로서 이러한 것들을 알지 못하느냐 [11] 진실로 진실로 네게 이르노니 우리는 아는 것을 말하고 본 것을 증언하노라 그러나 너희가 우리의 증언을 받지 아니하는도다 [12] 내가 땅의 일을 말하여도 너희가 믿지 아니하거든 하물며 하늘의 일을 말하면 어떻게 믿겠느냐 [13] 하늘에서 내려온 자 곧 인자 외에는 하늘에 올라간 자가 없느니라 [14] 모세가 광야에서 뱀을 든 것 같이 인자도 들려야 하리니 [15] 이는 그를 믿는 자마다 영생을 얻게 하려 하심이니라 [16] 하나님이 세상을 이처럼 사랑하사 독생자를 주셨으니 이는 그를 믿는 자마다 멸망하지 않고 영생을 얻게 하려 하심이라

1. 예수님을 찾아온 니고데모는 어떤 사람이었나요? (1절)
   정답: 바리새인이었고, 유대인 지도자였다.

2. 예수님은 니고데모에게 어떻게 해야 하나님의 나라를 볼 수 있다고 하였나요? (3절)
   정답: 거듭나야 한다.

3. 무엇으로 거듭날 수 있나요?(5절)

   정답: 물과 성령으로

4. 하나님께서 우리를 향한 어떤 구원의 계획을 세웠다 말씀하셨나요?
   (요3:16)

   정답: 예수님을 믿으면 멸망치 않고 영생을 얻는다.


[어떻게 가르칠까?]

예수님의 사역은 곧 공생애 기간 동안 행하신 일들을 의미합니다.
이번 과에서는 짧게 기록된 예수님의 탄생과 소년시절을 잘 설명해주시고 중심이 되는 공생애 사건을 간략하게 설명해주세요. 많은 내용과 행적들이 나열되어 있으므로 개괄적으로 설명해주신 후, 특징있는 한 두 가지를 조금 집중적으로 이해시켜 주시기 바랍니다. 31쪽 도표를 참고 하세요.
무엇보다 이번 과에서는 유대관원이었던 니고데모가 영생의 도를 배운 사건에 대해서 담고 있는데, 본문을 잘 찾아 정답을 기록하도록 신경써서 살펴주시고, 예수님을 통해 거듭나 새생명을 얻는 것이 얼마나 귀하고 은혜인지 잘 이해시켜 주시기 바랍니다.

# [예수님의 사역 도표]

| 생애구분 | 년도 | 지역/사역지 | 행하신 일 |
|---|---|---|---|
| 탄생 | B.C.~3년경 | | 수태고지-탄생-애굽으로 피신-나사렛으로 귀향 |
| 유년시절 | A.D 8년경 | | 소년 예수 예루살렘 방문 |
| 공생애 | A.D 26년경 (30세) | 나사렛-> 유다지역 | 세례(요한)에게 세례받으심 (마3:13-17, 막1:9-11, 눅3:21-23,요1:29-39) 광야의 세가지 시험 (마4:1-11, 막1:12-13, 눅4:1-13) 제자세움(5명) |
| | | 갈릴리 | (가나)혼인잔치에서 첫 번째 기적행하심 (요2:1-11), 가버나움 방문 |
| | A.D 27년경 | 갈릴리-예루살렘, 사마리아 | 예루살렘사역, (니고데모)에게 영생의 길 가르치심(요3:1-21), 각종 이적들, 세례 요한 체포, (사마리아 여인)과 대화(요4:5-42) |
| | A.D 28년경 | 갈릴리사역 | 가버나움 중심사역, 치유사역, 복음전도, 예루살렘으로 이동하심 |
| | | 예루살렘 | 베데스다 연못 병자 고치심, 안식일 논쟁 (종교지도자의 적대감 높아지기 시작함) |
| | A.D 29년경 | 갈릴리 사역 | 12제자 세움(막3:13-19, 눅6:12-15), 산상수훈(마5:1-7:29, 눅6:20-49), 각종 치유사건, 세례요한의 죽음(마14:1-12,막6:14-29, 눅9:7-9) 하나님나라 비유설명, 풍랑을 잔잔케 하심(마8:23-27, 막4:35-41, 눅8:40-56) 회당장 야이로의 딸 살리심 12제자의 사역 설명하심 5병2어의 기적 (마14:13-21, 막6:30-44, 눅9:10-17, 요6:1-14) 생명의 떡 물위를 걸어오심(마14:22, 23, 막6:425-52, 요6:16-21) 바리새인들과의 충돌, 수로보니게 여인 귀머거리 등 환자치유, 4천명 먹이심, 고난과 부활의 예고, 변화산에서 변화하심 -> 초막절 갈릴리사역 마치시고 예루살렘으로 이동하심 |
| | | 유대사역 | 예루살렘에서 초막절을 보내심, 간음한 여인 용서, 종교지도자들 적대감 증가 날 때부터 소경된자 치유(요9:1-41), 72인 파송 수전절 보내심 -> 갈릴리로 이동중에 죽은 (나사로)를 살리심 (요11:1-44), 하나님나라의 도래에 대한 질문 |

| | | | |
|---|---|---|---|
| 공생애 | A.D 30년경 | 베뢰아 사역 | 그리스도의 치유와 가르침의 사역<br>이혼에 대하여 언급하심<br>부자청년이야기(마19:16-30, 막10:17-31, 눅18:18-30),<br>고난과 부활에 대한 예고<br>소경 바디매오를 고치심<br>(마20:29-34, 막10:46-52, 눅18:35-43),<br>여리고의 (삭개오)의 구원(요19:1-10)<br>산헤드린의 적대감과 음모가 고조됨 |
| | | 예루살렘 | 나귀타시고 입성(마21:1-17, 막11:1-11, 눅19:29-44)<br>마지막 한주, 성전청결, 제자들의 발을 씻겨주심<br>최후의 만찬(마26:17-25, 막14:12-21, 눅22:7-30, 요13:1-30)<br>겟세마네 기도(마26:30-46, 막14:26-42, 눅22:39-46, 요18:1)<br>십자가 처형(마27:57-66, 막15:42-47, 눅23:50-56, 요19:31-42)<br>부활 빈무덤(마28:1-10, 막16:1-8, 눅24:1-12, 요20:1-10)<br>(엠마오)로가는 두제자(막16:12-13, 눅24:13-35)<br>제자들에게 사명주시고 승천하심<br>(마28:16-20 막16:19-20, 눅24:44-53) |

1) 예수님의 사역 중 공생애 기간 중에 예수님께서 하신 일들은 무엇이었나요? 오늘 배운 말씀을 기억하며 적어봅시다.

   **가이드 |** 예수님께서 공생애 기간동안 하신 일은 세례 요한에게 세례를 받으시고 마귀에게 시험을 받으셨으며, 또한 여러 기적들을 행하셨습니다. 그리고 제자들도 세우셨습니다. 함께 문제의 답을 맞춰가며 오늘 배운 말씀들을 기억하고 정리하는 시간을 가져보시길 바랍니다.

2) 예수님의 여러 사역 중 한가지를 골라 주변에 예수님을 믿지 않는 친구들에게 소개하며 복음을 전해봅시다. 그 후에 믿지 않는 친구들이 어떤 반응이었는지 함께 나눠봅시다.

   **가이드 |** 예수님은 이 땅에 오셔서 많은 사역을 하셨습니다. 내가 알고 있는 예수님의 사역 중 한 가지를 믿지 않는 친구들에게 전하는 과정을 통해 먼저는 우리 친구들이 예수님에 대해 더 알기 위해 힘쓰고 믿음이 한뼘 더 자라는 시간이 되길 바랍니다. 그리고 그 후에 친구들과 함께 피드백을 나누며 서로를 격려하고 기도하는 시간이 되었으면 좋겠습니다.

### 한줄 정리하기 · 한 과를 마치고 난 소감을 한줄로 기록해봅시다.

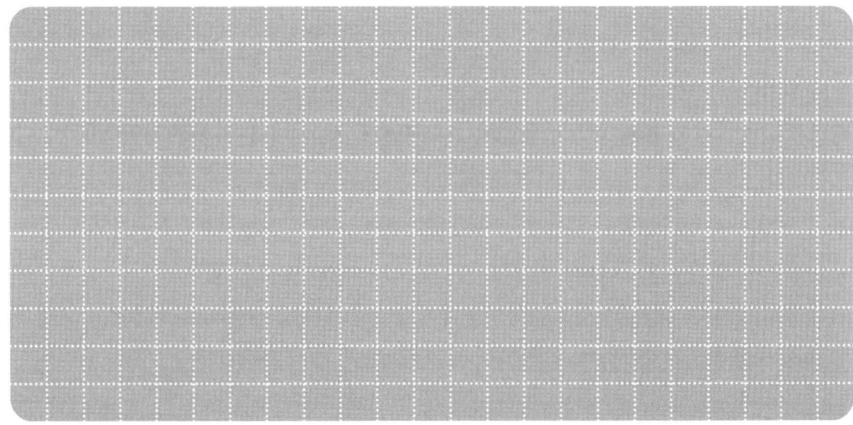

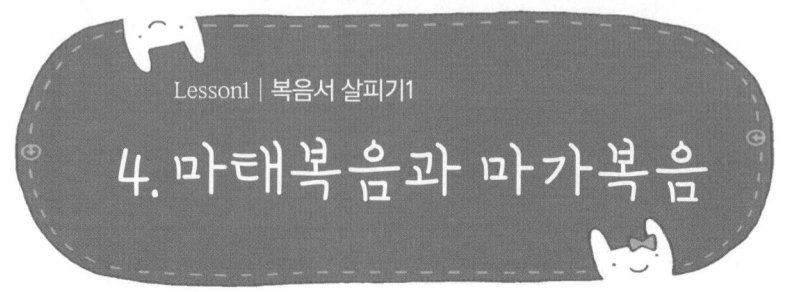

## Lesson1 | 복음서 살피기1
## 4. 마태복음과 마가복음

[공과목표]
1. 마태복음과 마가복음의 전반적인 구조를 이해시킨다.
2. 오병이어 사건과 부자청년의 사건을 통해 교훈을 배우도록 한다.

[질문] 내가 가진 작은 것을 나누었을 때 그것이 큰 기쁨으로 되돌아왔던 적이 있나요?

설명 | 나는 내가 가진 작은 물건이나 음식을 나누었을 뿐인데 그것이 누군가에게 절실하게 필요한 것이었던 적이 있나요? 내가 쓰지 않는 학용품이나 물건을 친구나 동생에게 주었는데 친구나 동생이 기뻐하고 고마워했거나 내가 가진 용돈 중 작은 돈을 어려운 이웃에게 베풀었을 때 그 이웃의 한 끼를 해결할 수 있게 되었던 적처럼 말입니다. 좀 더 쉽게 생각한다면 우리가 주변에서 쉽게 볼 수 있는 사회적 기업을 통한 작은 후원이 누군가를 살리고 먹일 수 있는 큰 감동과 기쁨으로 변하는 것일 겁니다.

이렇듯 하나님께서는 우리가 가진 것의 크고 작음을 보시는 것이 아니라 우리의 마음을 보십니다. 그리고 그 마음을 나누었을 때 그것을 통해 더 큰 기쁨과 은혜를 주시지요. 친구들 중에는 이러한 경험이 있는 친구들이 있을 수도 있고 그렇지 않은 친구들도 있을 수 있습니다. 이것이 옳고 그름의 잣대가 되지 않도록 주의하시면서 작은 것을 나누었을 때의 기쁨과 감사를 설명해주시면서 아이들에게 동기부여가 될 수 있도록 해주시고 오늘 배울 내용 중 오병이어의 기적과 연관하여 함께 설명해주시면 좋습니다.

[마태복음]

1. 마태복음의 저자는 누구인가요? 괄호를 채워봅시다.

> 마태복음의 저자 마태의 직업은 (세리)였습니다.
> 예수님께서 부르셔서 제자가 되었고,
> 성경에서는 그가 (레위)라고도 불려집니다.

2. 예수님은 많은 병자들을 고쳐주시고 귀신들린 자들을 치유해주셨는데 궁극적으로 예수님의 이런 치유사역은 곧 구약의 누구의 예언이 성취된 것입니까?(마8:14-17)

정답:이사야

그는 실로 우리의 질고를 지고 우리의 슬픔을 당하였거늘 우리는 생각하기를 그는 징벌을 받아 하나님께 맞으며 고난을 당한다 하였노라(사53:4)"

3. 마태복음에 기록된 장별 중요한 사건을 아래의 박스에서 골라 ( ) 안에 알맞게 적어보세요.

> 족보, 세례, 시험, 산상수훈, 바다, 그리스도, 만찬, 십자가, 부활

마태복음 3장

요단강에서 ( 세례 )받으심

마태복음 4장

(사단)의 세가지 시험 받으심

마태복음 5~7장

산 위에서 가르치심 (산상설교)

마태복음 14장

(물) 위를 걸어오신 예수님

마태복음 16장

베드로의 고백

"주는 (그리스도)시요, 하나님의 아들"

마태복음 27~28장

십자가에서 죽으심과 (부활)

## [어떻게 가르칠까?]

4과, 5과는 사복음서 마태, 마가, 누가, 요한복음을 장별로 간단히 살펴보게 합니다. 문제를 풀면서 각 복음서의 내용을 잘 설명해주시길 바랍니다.
또한 각 복음서마다 [알고 넘어갑시다] 코너를 통해 중요 성경내용을 배울 수 있도록 하였습니다. 각 복음서의 간략한 질문에 답하고 각 장별 내용을 잘 이해하며 넘어갈 수 있도록 지도해주세요.

**티칭포인트 | 마태복음**

마태복음은 메시야 예수가 다윗의 자손이요, 왕으로 오시는 분이심을 강조하고 있어 '왕의 복음'이란 별명을 가지고 있습니다. 저자 마태는 본명이 '레위'요, 직업은 세리이며, 예수님의 12제자 중 한 사람이었습니다(9:9; 막 2:14; 눅 5:27).
본서에 예루살렘 파괴(24:1-3, A.D. 70년)에 대한 예언이 있는 것으로 보아 본서는 대략 A.D. 70년 이전에 기록된 것으로 보입니다.

마태복음의 배경과 무대는 예수 그리스도의 출생지 베들레헴, 예수께서 어린시절을 보내신 나사렛, 공생애의 중심지인 갈릴리 지방, 북방사역의 중심지인 두로, 제자들을 훈련시킨 북방 가이사랴 빌립보, 그리고 십자가에 달려 돌아가심으로써 인류 구원의 대업을 완수하신 예루살렘 등이 중심 무대를 이루고 있습니다.
마태는 예수님께서 유대인의 왕으로서 세상에 오셨음을 분명하게 보여주려 하고 있습니다. 하지만 유대인의 왕 예수는 하나님의 아들이며(3:17; 16:16; 17:5; 27:54), 만왕의 왕 되십니다.
마태는 본서 끝에 예수님의 지상 대명령(28:19-20)을 기술하기 전에 예수님께서 하늘과 땅의 모든 권세를 하나님으로부터 받았다고 말하고 있고(28:18).
유대인의 왕이며, 만왕의 왕이신 주님께서 수천년 전에 약속된 것(예언)을 좇아 마침내 세상에 오셨다는 것을 본서의 핵심 주제로 삼고 있습니다.

## 3. 마태복음 장별 중요한 사건 살피기

1장 | 예수님의 족보
2장 | 예수님의 탄생과 어린시절
3장 | 요단강에서 세례받으심
4장 | 광야의 세 가지 시험
5~7장 | 산상수훈 - 팔복과 주기도문 가르쳐주심
8~9장 | 병자를 고쳐주시고 자연을 주관하심
10~12장 | 열두제자를 부르심
13~14장 | 비유를 사용하셔서 믿음을 가르치심. 오병이어, 바다 위를 걸어오심
15장 | 갈릴리를 떠나서 페니키아와 데가볼리, 가이샤라 빌립보지방을 여행하심. 가나안 여인의 딸 치료, 물고기와 빵으로 4000명먹이심
16~18장 | 베드로의 고백, 갈릴리로 돌아가심 예수님의 십자가와 부활을 말씀하심
19~20장 | 유대로 여행, 제자들에게 배신할 것을 말씀하시고, 십자가에 달려 죽으실 것을 말씀하심, 부활을 말씀하심
21~23장 | 예루살렘 입성, 유대지도자들과 논쟁, 가장 큰계명 설명하심.
24장 | 장차 일어날일을 제자들에게 알리심, 다시오실 주님
25장 | 선행을 말씀하심, 하나님의 사랑 전파를 말씀하심
26장 | 유월절 마지막 만찬 드심
27장 | 십자가 달리심
28장 | 부활하심, 제자들에게 복음전파 소명을 주심

[마가복음]

1. 마가복음의 저자는 누구입니까? 괄호를 채워봅시다.

> 마가복음의 저자는 바나바의 친척인 (마가)요한입니다.
> 마가는 (바울)과 함께 전도여행을 하기도 했습니다.

2. 마가는 예수님이 오신 목적이 무엇이라고 말하나요?

인자가 온 것은 섬김을 받으려 함이 아니라 도리어 섬기려 하고 자기 목숨을 많은 사람의 대속물로 주려 함이니라 (막10:45)

정답: 섬기러 오심

3. 마가는 예수님은 어떤 제자를 부르셨고, 제자들을 세우신 목적은 무엇이라 말하고 있나요?

또 산에 오르사 자기가 원하는 자들을 부르시니 나아온지라 이에 열둘을 세우셨으니 이는 자기와 함께 있게 하시고 또 보내사 전도도 하며 (막3:13-15)

정답: 어떤 제자를 부르셨는가? - 자기가(예수님) 원하는 자를 부르심, 제자들을 세우신 목적 - 자기와 함께 있고, 보내며 전도하기 위해

4. 마가복음 장별 중요한 사건을 아래 박스의 단어를 골라 (    )안에 알맞게 적어 보세요.

| 세례, 12, 13, 비유, 예지, 설교, 오병, 예루살렘, 가나안, 부활 |

마가복음 2~3장

(12)제자를 부르심

마가복음 4~5장

(비유)로 가르치심

마가복음 6장

(오병)이어 사건

마가복음 11장

(예루살렘 ) 성에 들어가심

마가복음 13장

(부활) 에 대해 말씀하심.

마가복음 15~16장

십자가에서 죽으심과 (부활)

## 4. 마가복음의 장별 중요한 사건 살피기

1장 | 세례받으심, 사탄의 시험
2~3장 | 병든 사람 치료해주심, 12명의 제자들을 부르심
4~5장 | 비유를 통해 가르치심, 죽은 소녀를 살리심
6장 | 세례요한이 헤롯에게 죽임당함, 오병이어 사건, 물 위로 걸으심
7~8장 | 유대 지도자들에게 말씀 전하심
9~10장 | 예수님의 변화산 사건
11~12장 | 예루살렘 입성
13장 | 종말에 대해 말씀하심
14장 | 최후의 만찬
15장 | 십자가에 달리심
16장 | 부활하심, 제자들에게 소명을 주심

**티칭포인트 | 마가복음**

마태복음이 왕으로 오신 메시야의 모습에 초점을 맞추고 있다면, 본서는 종으로 오신 메시야, 메시야의 수난을 중심으로 전개되고 있습니다. 본서는 굉장히 간략, 명료하고 생기있으며 박진감 넘치게 기술되어 있습니다.
저자인 마가 요한은 바나바의 생질로 사도 바울의 1차 선교여행에 동참했다가 중도에 포기하고 귀향하여 한동안 바울과의 관계가 원만치 못했으나 후에 그는 바울의 신실한 조력자가 되었고(골 4:10; 딤후 4:11; 몬 1:24), 또 사도 베드로의 통역자로 활동하였습니다(벧전5:3).

본서에 예루살렘 멸망 예언(13장)이 미래적 사건으로 묘사되고 있는 점 등으로 보아 대략 67-70년경에 기록된 것으로 보입니다. 마태복음과 기록 시기가 비슷하나 대개의 학자들은 본서를 사복음서 중 최초로 기록된 것으로 보고 있습니다. 사도 바울은 로마 옥중에 있을 때 마가를 로마로 불렀는데(딤후 4:11) 그래서 교부들은 바울과 베드로가 순교한 뒤 마가가 로마에서 본서를 기록한 것으로 보고 있습니다.

마가는 '구원의 복음'이 무엇이며, 성도의 구원이 어떻게 이루어진 것인지를 보여주려 하고 있고 본서의 1/3에 해당하는 부분을 모두 예수 그리스도의 고난과 박해, 십자가 죽음으로 다루고 있습니다.

이것은 마가가 구원은 예수 그리스도의 십자가 죽음으로 시작되었음을 말해주고 있는 것이고 고난과 죽음이 없이는 결코 부활의 영화로움이 있을 수 없음을 보여주려 했던 것입니

[알고 넘어가기]

## 1. 오병이어의 기적의 이야기

아래의 성경 본문을 깊이 묵상해보고, 질문에 답을 해봅시다.

14 예수께서 들으시고 배를 타고 떠나사 따로 빈 들에 가시니 무리가 듣고 여러 고을로부터 걸어서 따라간지라 15 예수께서 나오사 큰 무리를 보시고 불쌍히 여기사 그 중에 있는 병자를 고쳐 주시니라 16 저녁이 되매 제자들이 나아와 이르되 이 곳은 빈 들이요 때도 이미 저물었으니 무리를 보내어 마을에 들어가 먹을 것을 사 먹게 하소서 17 예수께서 이르시되 갈 것 없다 너희가 먹을 것을 주라 18 제자들이 이르되 여기 우리에게 있는 것은 떡 다섯 개와 물고기 두 마리뿐이니이다 19 이르시되 그것을 내게 가져오라 하시고 20 무리를 명하여 잔디 위에 앉히시고 떡 다섯 개와 물고기 두 마리를 가지사 하늘을 우러러 축사하시고 떡을 떼어 제자들에게 주시매 제자들이 무리에게 주니 21 다 배불리 먹고 남은 조각을 열두 바구니에 차게 거두었으며 먹은 사람은 여자와 어린이 외에 오천 명이나 되었더라 (마14-13-21)

1. 예수님께서 제자들에게 오천 명이 넘는 자들에게 먹을 것을 나눠주라 말씀하셨을 때 제자들은 무엇 밖에 없다고 대답했는가?(마 14:17)

    정답: 떡 다섯 개와 물고기 두 마리

## 2. 오병이어의 기적은 어떻게 시작되었는가? (마 14:18-19)

정답: 떡 다섯 개와 물고기 두 마리로 축사하시고 제자들을 통해 무리에게 나누어주었을 때 기적이 일어났다.

[알고 넘어가기]

## 2. 부자 청년 이야기 (막10:17-31)

아래의 성경 본문을 깊이 묵상해보고, 질문에 답을 해봅시다.

17 예수께서 길에 나가실새 한 사람이 달려와서 꿇어 앉아 묻자오되 선한 선생님이여 내가 무엇을 하여야 영생을 얻으리이까 18 예수께서 이르시되 네가 어찌하여 나를 선하다 일컫느냐 하나님 한 분 외에는 선한 이가 없느니라 19 네가 계명을 아느니 살인하지 말라, 간음하지 말라, 도둑질하지 말라, 거짓 증언 하지 말라, 속여 빼앗지 말라, 네 부모를 공경하라 하였느니라 20 그가 여짜오되 선생님이여 이것은 내가 어려서부터 다 지켰나이다 21 예수께서 그를 보시고 사랑하사 이르시되 네게 아직도 한 가지 부족한 것이 있으니 가서 네게 있는 것을 다 팔아 가난한 자들에게 주라 그리하면 하늘에서 보화가 네게 있으리라 그리고 와서 나를 따르라 하시니 22 그 사람은 재물이 많은 고로 이 말씀으로 인하여 슬픈 기색을 띠고 근심하며 가니라 23 예수께서 둘러 보시고 제자들에게 이르시되 재물이 있는 자는 하나님의 나라에 들어가기가 심히 어렵도다 하시니 24 제자들이 그 말씀에 놀라는지라 예수께서 다시 대답하여 이르시되 얘들아 하나님의 나라에 들어가기가 얼마나 어려운지 25 낙타가 바늘귀로 나가는 것이 부자가 하나님의 나라에 들어가는 것보다 쉬우니라 하시니 26 제자들이 매우 놀라 서로 말하되 그런즉 누가 구원을 얻을 수 있는가 하니 27 예수께서 그들을 보시며 이르시되 사람으로는 할 수 없으되 하나님으로는 그렇지 아니하니 하나님으로서는 다 하실 수 있느니라 28 베드로가 여짜와 이르되 보소서 우리가 모든 것을 버리고 주를 따랐나이다 29 예수께서 이르시되 내가 진실로 너희에게 이르노니 나와 복음을 위하여 집이나 형제나 자매나 어머니나 아버지나 자식이나 전토를 버린 자는 30 현세에 있어 집과 형제와 자매와 어머니와 자식과 전토를 백 배나 받되 박해를 겸하여 받고 내세에 영생을 받지 못할 자가 없느니라 31 그러나 먼저 된 자로서 나중 되고 나중 된 자로서 먼저 될 자가 많으니라 (막10:17-31)

## 1. 부자청년이 예수님을 통해 알고 싶었던 것은 무엇이었나요? (17절)

정답: 영생

2. 예수님께서 이 사람에게 부족한 것이 무엇이고 어떻게 행하라 말씀 하셨나요?(21절)

   정답: 네 소유를 다 팔아 가난한 자들에게 나눠주고 나를 따르라 하셨다.

3. 그가 그 말씀을 듣고 슬픈 기색을 띠며 근심하고 돌아간 이유는 무엇 인가요?(22절)

   정답: 재물이 많아서

4. 영생은 누구만이 가능하게 하실 수 있나요?(27절)

   정답: 하나님

[어떻게 가르칠까?]

이번 과는 오병이어 사건과 부자청년에 대한 내용입니다.
오병이어 사건을 통해 예수님의 큰 능력을 설명해 주시고, 그 큰 능력이 이루어 지게 된 계기가 어린 소년이 예수님께 드린 보리떡 다섯 개와 물고기 두 마리임을 알려주세요.

1) 오늘 배운 말씀을 기억하며 아래의 칸에 답을 채워봅시다.

| 복음서 | 저자 | 저자의 직업 | 초점 | 총장 |
|---|---|---|---|---|
| 마태복음 | 마태 | 세리 | 메시야의 모습 | 28장 |
| 마가복음 | 마가 요한 |  | 메시야의 수난 | 16장 |

2) 마가복음에서 부자청년은 소유를 다 팔아 가난한 자들에게 나눠주고 따르라는 예수님의 말씀에 근심하며 돌아갔습니다. 나는 예수님을 따르기 위해 무엇을 버릴 수 있을지 생각해보고 직접 실천에 옮겨봅시다.

가이드 | 오늘 배운 내용에서 부자청년은 근심하며 돌아갔습니다. 예수님을 따르려고 했고 영생을 얻고자 하지만 세상의 재물에 대해 자유롭지 못한 것이었죠. 우리가 무엇을 버릴 수 있을지 생각할 때 버린다는 어감이 조금 부담스럽게 느껴질 수도 있습니다. 그럴 때는 포기하고 내려놓을 수 있는 것이 무엇인지 생각해보도록 인도해주세요. 친구들에게는 좋아하는 연예인에 관련된 상품이나 휴대용 기기, 전자기기 등이 있을 수 있습니다.

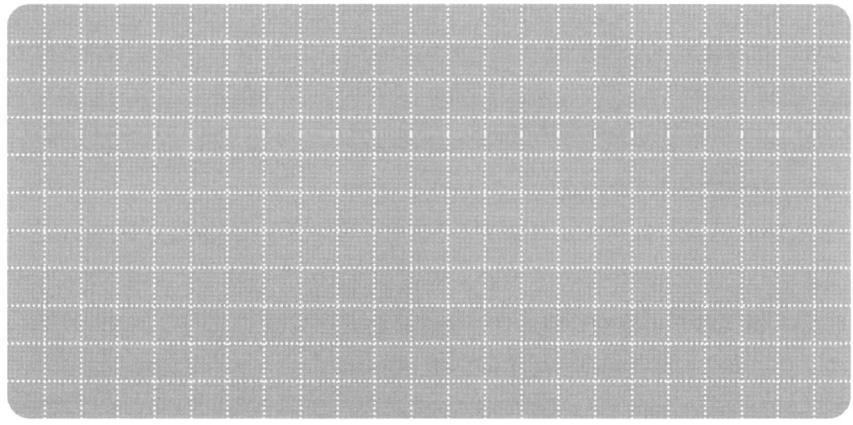
한줄 정리하기 · 한 과를 마치고 난 소감을 한줄로 기록해봅시다.

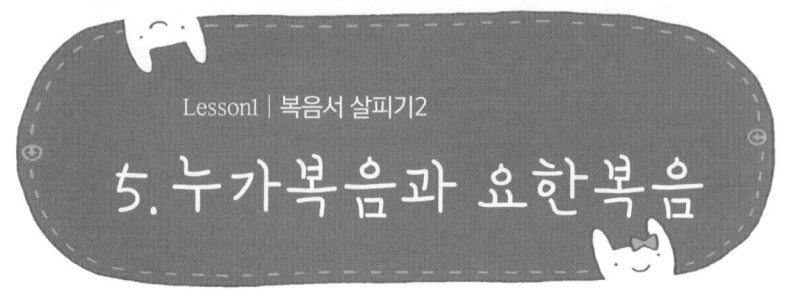

# Lesson1 | 복음서 살피기2
## 5. 누가복음과 요한복음

[공과 목표]
1. 누가복음과 요한복음의 전반적인 구조를 이해시킨다.
2. 엠마오로 가는 두 제자 이야기를 통해 말씀을 배우는 것이 소중한 것임을 이해시킨다.

[질문] 내가 사랑하는 사람은 누구인가요? 그 사람을 위해 내가 할 수 있는 희생은 무엇인가요?

**설명 |** 친구들 각자가 사랑하고 있는 사람은 누구인지 생각해보도록 합시다. 사랑하는 사람은 가족, 단짝 친구 혹은 교제하고 있는 남자친구, 여자친구 등이 될 수 있겠지요. 그런데 사랑에는 희생이 따릅니다. 희생이라는 단어가 조금 무섭게 느껴질 수 있겠지만 사랑하는 가족을 위해 나의 시간을 할애하여 집안 일을 하거나 친구를 위해 나의 용돈을 사용해 맛있는 음식을 사주는 것도 넓은 의미에서 희생이라고 볼 수 있습니다. 친구들이 희생이라는 단어에 어려움을 느낀다면 앞서 나열한 경우를 설명해주시면서 희생의 의미를 좀 더 넓게 볼 수 있도록 도와주시고 사랑하는 사람을 위해 할 수 있는 희생에 대해 생각해보도록 해주세요.

하나님께서는 세상을 이처럼 사랑하셔서 독생자 예수님을 이 땅에 보내셨습니다. 그리고 예수님은 우리 한 사람, 한 사람을 위해 십자가에서 돌아가시고 다시 부활하셨습니다. 희생의 의미를 생각해보며 예수님의 우리를 향한 그 희생과 사랑이 얼마나 값지고 귀한 것인지 깨닫도록 도와주시길 바랍니다.

### [누가복음]

1. 누가복음의 수신자는 누구이며 그에게 쓴 이유는 무엇인가요?

   > 우리 중에 이루어진 사실에 대하여 처음부터 목격자와 말씀의 일꾼 된 자들이 전하여 준 그대로 내력을 저술하려고 붓을 든 사람이 많은지라 그 모든 일을 근원부터 자세히 미루어 살핀 나도 데오빌로 각하에게 차례대로 써 보내는 것이 좋은 줄 알았노니 이는 각하가 알고 있는 바를 더 확실하게 하려 함이로라(눅 1:1~4)

   정답: 수신자 – 데오빌로,
   이유 – 데오빌로가 알고 있는 바를 더 확실히 하기 위해(복음전도를 위해)

2. 아래의 빈칸을 채워봅시다.

   누가복음 저자는 (의사)였던 누가로, 그는 (바울)과 전도여행을 함께 했던 자였습니다. 누가복음은 데오빌로라는 사람과 모든 사람에게 예수님의 진리의 (복음)을 알리기 위해 기록하였습니다. 그가 기록한 책은 누가복음과 (사도행전)이 있습니다.

3. 누가복음에서 예수님의 오신 목적은 무엇인가요?

   > 인자가 온 것은 잃어버린 자를 찾아 구원하려 함이니라(눅19:10)

   정답: 잃어버린 자를 구원하시려 오셨다.

4. 누가복음 장별 중요한 사건을 아래 박스의 단어를 골라 (    )안에 알맞게 적어 보세요.

청년, 유년, 중풍, 종, 상관, 주기도문, 삭개오, 헌금, 기부금, 십자가

누가복음 1장
예수님의 탄생

누가복음 2장
예수님의 (유년)시절

누가복음 7장
백부장의 신하의 (중풍) 병을 고쳐주심

누가복음 11장
주기도문을 가르쳐주심

누가복음 19장
구원받은 (삭개오)

누가복음 23~24장
(십자가) 사건과 부활

## 4. 누가복음의 장별 중요한 사건 살피기

1장 | 천사가 세례요한 탄생과 예수님의 탄생 알림
2장 | 예수님의 탄생, 소년시절
3장 | 세례받으심
4장 | 광야의 시험
4~9장 | 광야의 시험, 열두제자 모으심, 귀신을 쫓고 죽은자를 살리심 자연을
　　　　이기는 능력 보이심
10~19장 | 하나님이 사랑을 비유로 가르치심,
19~22장 | 예수살렘 입성, 마지막 만찬
23장 | 십자가에 돌아가시고 무덤에서 장사되심.
24장 | 부활, 제자들에게 사명 주심

**티칭포인트 | 누가복음**

본서는 복음서 가운데 유일하게 이방인이 기록한 책으로 가난한 자, 소외된 자, 이방인들에 대한 주님의 사랑과 관심을 수려하고 아름다운 문체로 기록하고 있습니다. 그러나 저자는 여기에 머물지 않고 주님의 인간적 성품을 정확한 역사에 입각하여 구원 사역과 잘 접맥시키고 있습니다. 본서에는 저자를 확인할 만한 내용이 거의 나타나지 않고 있습니다.

다만 본서 서문(1:1-4)과 사도행전의 서문(1:1-2)을 보면 두 책이 동일한 저자에 의해 기록되었음을 알 수 있습니다.

사도행전에 의하면 저자는 사도 바울과 자신을 일컬어 줄곧 '우리'(행 16:1-17; 20:5-21; 27:1-28:16)란 표현을 사용하고 있는데 이 표현은 사도 바울이 로마 옥중에 갇혀 있는 동안에도 계속되고 있음을 알 수 있습니다.

그렇기에 그는 바로 디모데후서에 언급된 대로 로마에서 사도 바울을 보살핀 의원 누가라는 사실을 확실히 할 수 있습니다(딤후 4:11).

본서는 사도행전보다 전에 기록되었습니다(행 1:1). 그런데 사도행전 말미에는 바울이 로마 감옥에 투옥되었다가 잠깐 풀려났다는 내용이 나옵니다. 그리고 네로

에 의한 박해나 바울의 순교(A.D. 64-67년경)에 관한 언급은 보이지 않기에 사도행전은 대략 A.D. 63년 경에 기록되었을 것이고, 이보다 일찍 기록된 본서는 60-62년 에 기록되었을 것으로 추정되고 있습니다.

누가복음은 바울이 로마 옥중에 갇힌 직후 로마에서 기록된 것으로 보고있습니다. 의원이요, 이방인인 누가는 이방인들에게 많은 관심을 가지고 있었습니다. '그렇기에 본서는 유대인들이 배척하던 이방인, 소외된 자, 가난한 자, 어린이, 여자 등 당시 비주류 계층을 이루는 자들에게 초점이 모아집니다. 그래서 본서는 '이방인의 복음'이란 별명을 갖고 있습니다.

누가는 예수님의 탄생을 '온 백성에게 미칠 큰 기쁨의 좋은 소식'(눅 2:10)이라 말하고 있고 마태가 예수님의 족보를 다윗과 아브라함에게 연결시키는 반면(마 1:1), 누가는 아담에게까지 연결시키고 있습니다(눅 3:38).

이를 통해 누가는 복음이 세계적이며 보편적임을 강조하고 있음을 알 수 있습니다. 또 본서에서 예수님은 소외된 사마리아 사람들에게 많은 관심을 가지신 분으로 묘사되고 있습니다.

예루살렘으로 향하시던 중 예수님은 사마리아에서 복음을 전하셨으며(눅 9:51-52), 치유를 받은 10명의 나병환자 중 주님께 와서 감사한 한 사람도 사마리아 사람이었다고 기록하고 있습니다(눅 17:11-19).

또 로마인 백부장을 가리켜 이스라엘에서 가장 믿음이 좋은 자라 칭찬하시기도 합니다(눅 7:1-10). 이렇듯 본서는 소외된 자들, 이방인들에게 많은 관심을 보이고 있고 주님은 이들을 단순히 치유의 대상으로만 보신 것이 아니라 구원의 대상으로 보셨다는 사실을 보여주고 있습니다.

[요한복음]

1. 아래의 빈칸을 채워봅시다.

   요한복음의 저자는 사도 요한으로 예수님께서 사랑하신 제자(요.21:20)로 기록하고 있습니다. 그가 기록한 책으로는 요한복음과 (요한 1서), 2서, 3서와 예언서인 (요한계시록)이 있습니다.

2. 요한은 요한복음의 기록목적을 무엇이라 말하고 있습니까?

   ³⁰ 예수께서 제자들 앞에서 이 책에 기록되지 아니한 다른 표적도 많이 행하셨으나 ³¹ 오직 이것을 기록함은 너희로 예수께서 하나님의 아들 그리스도이심을 믿게 하려 함이요 또 너희로 믿고 그 이름을 힘입어 생명을 얻게 하려 함이니라(요20:30-31)

   정답: 예수님이 하나님 아들 그리스도이심을 믿게 하고 영생을 얻게 하려고

3. 아래는 성경의 전체 주제인 요한복음 3장 16절 말씀입니다.
   정성껏 필사해 봅시다.

   하나님이 세상을 이처럼 사랑하사 독생자를 주셨으니 이는 그를 믿는 자마다 멸망하지 않고 영생을 얻게 하려 하심이라

4. 요한복음 장별 중요한 사건을 아래 박스의 단어를 골라 (   )안에 알맞게 적어 보세요.

> 말씀, 영혼, 포도주, 니고데모, 삭개오, 38, 나사로, 발, 얼굴, 중보, 베드로

요한복음 2장
물이 (포두주)로 변하게 하심

요한복음 3장
거듭난 (니고데모)

요한복음 13장
제자들의 (발)을 씻겨주심

요한복음 17장
예수님의 (중보)기도

요한복음 21장
부활하신 예수님께서 (베드로)에게 사랑을 세번 물으심

## 4. 요한복음의 장별 중요한 사건 살피기

1장 | 말씀이 육신이 된 사건
2장 | 물이 포도주로 변하게 하심, 성전정화
3장 | 영생의 도를 배운 니고데모
4장 | 멸시받은 여인과 대화
5장 | 38년된 중풍병자를 고쳐주심
6장~10장 | 오병이어 사건, 물 위로 걸어오심, 종교 지도자들에게 예수님이 하나님의 아들이심을 말씀하심
11~12장 | 죽은 나사로 살리심
13~16장 | 서로 사랑하라 말씀하심, 제자들의 발을 씻기심, 최후의 만찬
17장 | 예수님의 중보기도
18~19장 | 체포되심, 십자가에 달려죽으심
20장 | 부활하심, 제자들에게 나타나심
21장 | 베드로에게 사랑을 물으심

**티칭포인트 | 요한복음**

마태복음이 유대인의 왕으로 오신 예수님, 마가복음이 종으로 오신 예수님, 누가복음이 인자로 오신 예수님의 모습을 묘사하고 있다면, 요한복음은 예수 그리스도의 신적 성품을 강조한다는 측면에서 앞의 공관복음과는 큰 차이가 있습니다. 하지만 이런 딱딱하고 심오한 주제도 예리한 통찰력과 탁월한 영성을 발휘하여 짧고 명쾌한 필체로 선포하고 있다는 점에 본서의 묘미가 있습니다.

요한복음은 사도 요한이 밧모 섬에 유배되기 전(A.D. 95년경)에 본서를 기록한 것으로 보고 있습니다. 그러나 공관복음서(마태, 마가, 누가복음)보다는 후대일 것으로 보는 것이 정설입니다. 그렇게 본다면 저작 연대는 대략 A.D. 80-90년일 것으로 추정됩니다.

대개의 초대 교부들은 사도 요한이 예수님 승천 후 예루살렘 교회에서 지도자로 지내다 말년에 에베소에서 목회할 때 제자들을 가르치면서 본서를 기록했을 것으로 보고 있습니다.

요한복음의 기록목적은 저자가 '예수께서 하나님의 아들 그리스도이심을 믿게 하려 함이라'(요 20:31) 고 기록하고 있습니다. 사도 요한이 에베소에서 본서를 기록할 당시 소아시아 일대에는 영지주의가 만연해 있었습니다.
이는 헬라 철학과 동양의 이교 사상, 애굽과 인도, 페르시아의 이원론적 우주론에 유대교까지 가미된 그야말로 혼합주의적인 종교였습니다. 예수 그리스도 역시 신으로서의 존재는 인정하지만 성육신 자체는 부인하였습니다.

이런 상황에서 당시 교회들은 많은 혼란이 있었고 이런 배경에서 사도 요한은 본서를 통해 예수 그리스도의 신성과 인성을 분명하게 가르치고 동시에 예수님이 하나님의 아들이요 그리스도이심을 증거하여 성도들로 하여금 이단 사설에 미혹되지 않고 영생을 얻게 하기 위해 본서를 기록하게 되었습니다.

[예수님 명칭에 대한 근거들]

예수님을 말씀이라 부르는 이유?(요1:1-3, 18)
예수님을 빛이라 부르는 이유?(요1:4~13)
예수님을 아들이라 부르는 이유?(요1:4, 18)
세상 죄를 지고 가는 하나님의 어린 양(1:29)

[예수님의 신성에 대한 근거들]

1. 내가 곧 그이다(요4:26, 6:20, 8:24, 28, 58:, 9:9, 18:5-6)
2. 아브라함이 나기 전부터 내가 있었느니라(요8:58)
3. 나와 아버지는 하나다(요10:30)
4. 나를 믿는 자는 영원히 죽지 아니하리니(요11:26)

5. 나로 말미암지 않고는...(요14:6)

6. 나를 본 자는 아버지를 보았다(요14:9)

7. 창세 전에 내가 아버지와 함께 가졌던 영화로써...(요17:5)


[요한복음에 기록된 예수님의 주요 표적의 사건들]
표적이라는 표현은 다른 복음서의 기적이라는 표현과 달리 사도 요한의 집필자적 특성을 가진 특수한 표현이다.

물로 포도주(요2:1-11)

왕의 신하 아들 고치심(요4:46-54)

연못가의 병자(요5:1-9)

5,000명 먹이심(요6:1-15)

물 위를 걸으심(요6:16-21)

맹인을 고치심(요9:1-7, 25)

나사로를 죽음에서 살리심(요11:38-44)

[알고 넘어가기]

## 엠마오로 가는 두 제자 (눅24:13-35)

누가복음 24장 13~45절까지 읽고 질문에 답을 해봅시다.

1. 엠마오로 내려가던 두 제자는 어떤 이야기를 나누고 있었나요?
   (눅24:18-20)
   정답: 나사렛 예수께서 십자가에 달리신 이야기

2. 부활의 소문만 듣고 믿지 못했던 저들에게 예수님은 어떤 말씀을 하셨는가? 그리고 믿지 못하는 이들에게 예수님은 어떻게 행동하셨나요?(눅24:25-27)

   정답: 1) 그리스도가 고난 받아야 자기 영광에 들어갈 수 있다 말씀하심
   2) 믿지 못한 자에게 예수님께서 하신 행동 -모세와 모든 선지자 글로 시작하여 메시야 예수님에 대해 자세히 설명하심

3. 예수님을 알아본 후 이들은 어떤 때에 마음에 뜨거움을 느꼈나요?
   (눅24:32)
   정답: 예수님께서 말씀하시고 성경을 풀어주실 때

4. 이들은 곧바로 어디로 갔나요?(33절)
   정답: 열한 제자가 있는 예루살렘

1) 오늘 배운 내용을 토대로 누가복음과 요한복음의 특징을 한 가지씩 적어봅시다.

    **가이드 |** 누가복음은 사복음서 가운데 유일하게 이방인인 누가가 기록했다. 그리하여 누가는 이방인들에게 초점이 모여 있고 복음이 세계적이고 보편적임을 강조하고 있다. 요한복음은 예수님의 신적 성품을 강조하고 있으며 사도 요한이 기록했다. 예수님이 그리스도이심을 증거하여 이단 사설에 미혹되지 않고 영생을 얻게 하기 위해 기록했다.

2) 한 주간 요한복음 3장 16절의 말씀을 가지고 '손유희'를 만들어보고 친구들과 함께 나눠보는 시간을 가져봅시다.

    **가이드 |** 요한복음 3장 16절의 말씀은 복음의 핵심이 되는 말씀이라 할 수 있습니다. 이 말씀을 우리 친구들이 단순히 머리로만 알고 쉽게 외우는 것이 아니라 한 주간 말씀을 묵상하며 손 유희를 만들어보며 마음으로 믿고 이것을 우리의 손으로 표현해보는 시간을 갖도록 인도해주시길 바랍니다.

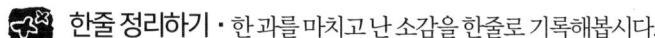

한줄 정리하기 · 한 과를 마치고 난 소감을 한줄로 기록해봅시다.

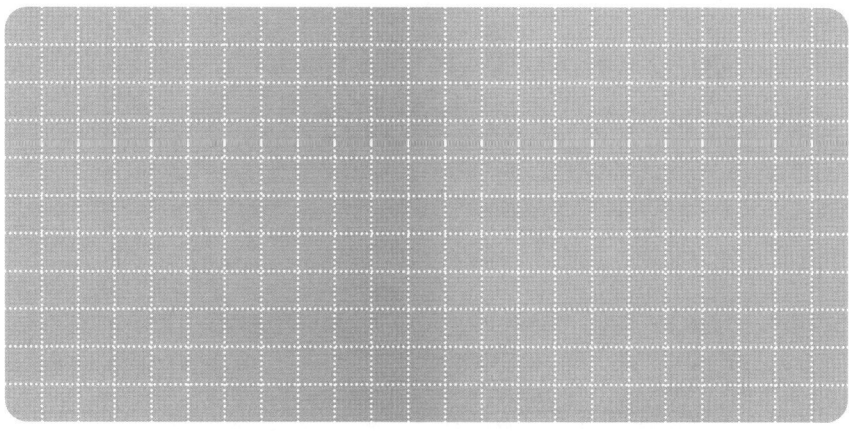

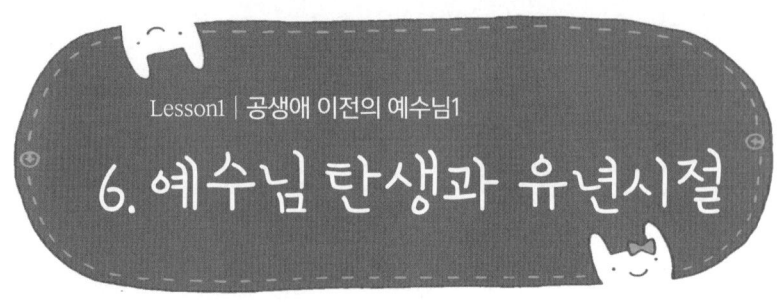

# 6. 예수님 탄생과 유년시절

Lesson1 | 공생애 이전의 예수님1

[공과 목표]
1. 공생애 이전의 예수님의 행적을 살펴보도록 한다.
2. 예수님의 탄생과 소년 예수님의 내용을 잘 파악하도록 돕는다.

**여기서 잠깐!**

Q. 나의 어린시절 중 가장 기억에 남는 에피소드는 무엇인가요?

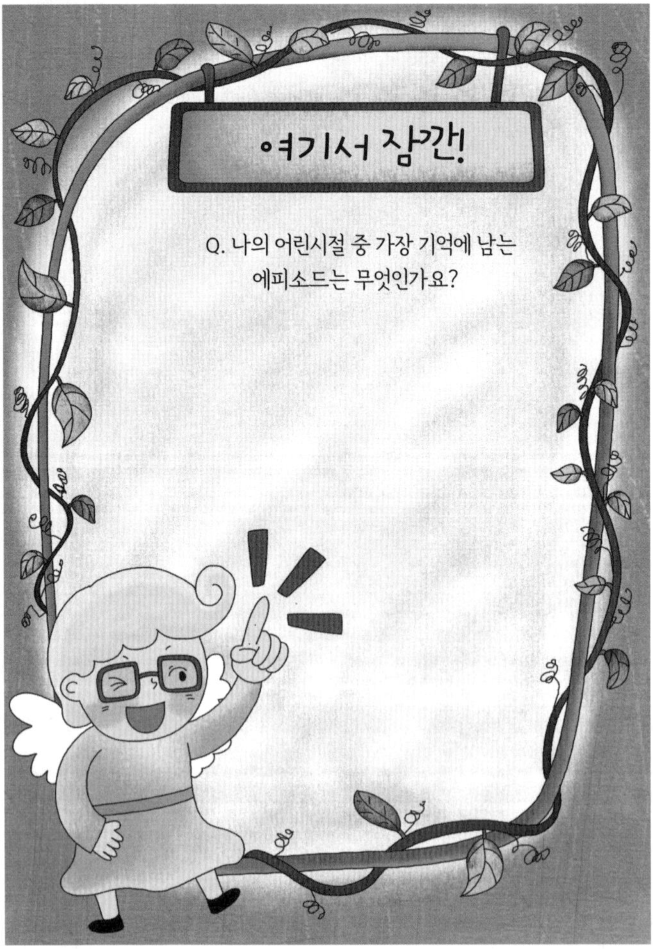

마태복음 1장 18~23절 말씀을 읽고 질문에 답을 해봅시다.

¹⁸예수 그리스도의 나심은 이러하니라 그의 어머니 마리아가 요셉과 약혼하고 동거하기 전에 성령으로 잉태된 것이 나타났더니 ¹⁹ 그의 남편 요셉은 의로운 사람이라 그를 드러내지 아니하고 가만히 끊고자 하여 ²⁰ 이 일을 생각할 때에 주의 사자가 현몽하여 이르되 다윗의 자손 요셉아 네 아내 마리아 데려오기를 무서워하지 말라 그에게 잉태된 자는 성령으로 된 것이라 ²¹ 아들을 낳으리니 이름을 예수라 하라 이는 그가 자기 백성을 그들의 죄에서 구원할 자이심이라 하니라 ²² 이 모든 일이 된 것은 주께서 선지자로 하신 말씀을 이루려 하심이니 이르시되 ²³ 보라 처녀가 잉태하여 아들을 낳을 것이요 그의 이름은 임마누엘이라 하리라 하셨으니 이를 번역한즉 하나님이 우리와 함께 계시다 함이라

[예수님의 탄생]

1. 예수님은 어떻게 잉태되었습니까?

   정답: 성령으로

2. 가브리엘 천사가 동정녀 마리아에게 아들이 있을거라 말했을 때 마리아는 어떻게 반응했습니까? (눅1:34)

   정답: 사내를 알지 못하니 어찌 이 일이 있으리이까

3. 마리아의 대답에 가브리엘 천사는 어떻게 대답합니까? (눅1:35)

   정답: 지극히 크고 높으신 이의 능력이 너를 덮으시리니, 거룩한 자는 하나님의 아들이라 일컬으리라

4. 성경은 예수님이 세상에 오셔서 어떤 일을 감당하실 분이라고 기록하고 있습니까?(마1:21)

정답: 자기 백성을 그들의 죄에서 구원하실 자

5. '임마누엘'의 뜻은 무엇입니까?

정답: 하나님이 우리와 함께 계시다

**티칭포인트 | 예수님의 탄생과 유년시절**
예수님은 탄생부터가 신비였습니다.
구약성경부터 메시야의 출생 장소, 동정녀 탄생, 그분의 수난과 재림 등 헤아릴 수 없을 만큼 많은 메시야의 예언이 기록되었습니다.
"이새의 줄기에서 한 싹이 나며 그 뿌리에서 한가지가 나서 결실할 것이요(사11:1)"
예수님의 탄생은 나이가 들도록 자식을 낳게 해달라고 하나님께 기도했던 제사장 샤가라에게 먼저 나타나 "네 아내 엘리사벳이 아들이 있을 것이고, 그 이름은 요한이라(눅1:13)" 하라고 알려줍니다.
그후 6개월이 지나 가브리엘 천사는 갈릴리 나사렛 땅에 살고 있었던 마리아에게 나타나 "지극히 높으신 이의 능력이 너를 덮으실 하나님의 아들이 탄생하게 될 것이라(눅1:35)" 알려줍니다. 성령으로 잉태되어 나시게 된 예수님은 '자기 백성을 구원할 자'라고 성경은 기록하고 있습니다(마1:21).
성경에 예수님의 탄생의 기록을 살펴보면 탄생(눅2:1-20), 하나님께 바쳐짐(눅2:22-38), 동방박사들의 경배(마2:1-12), 헤롯왕을 피해 요셉과 가족이 애굽으로 피신하는(마2:13-18)사건들이 기록되어 있습니다.

[알고 넘어가기]

## 예수님의 어린시절

아래의 누가복음 2장 41~52절 말씀을 읽고 질문에 답을 해봅시다.

⁴¹ 그의 부모가 해마다 유월절이 되면 예루살렘으로 가더니 ⁴² 예수께서 열두 살 되었을 때에 그들이 이 절기의 관례를 따라 올라갔다가 ⁴³ 그 날들을 마치고 돌아갈 때에 아이 예수는 예루살렘에 머무셨더라 그 부모는 이를 알지 못하고 ⁴⁴ 동행 중에 있는 줄로 생각하고 하룻길을 간 후 친족과 아는 자 중에서 찾되 ⁴⁵ 만나지 못하매 찾으면서 예루살렘에 돌아갔더니 ⁴⁶ 사흘 후에 성전에서 만난즉 그가 선생들 중에 앉으사 그들에게 듣기도 하시며 묻기도 하시니 ⁴⁷ 듣는 자가 다 그 지혜와 대답을 놀랍게 여기더라 ⁴⁸ 그의 부모가 보고 놀라며 그의 어머니는 이르되 아이야 어찌하여 우리에게 이렇게 하였느냐 보라 네 아버지와 내가 근심하여 너를 찾았노라 ⁴⁹ 예수께서 이르시되 어찌하여 나를 찾으셨나이까 내가 내 아버지 집에 있어야 될 줄을 알지 못하셨나이까 하시니 ⁵⁰ 그 부모가 그가 하신 말씀을 깨닫지 못하더라 ⁵¹ 예수께서 함께 내려가사 나사렛에 이르러 순종하여 받드시더라 그 어머니는 이 모든 말을 마음에 두니라 ⁵² 예수는 지혜와 키가 자라가며 하나님과 사람에게 더욱 사랑스러워 가시더라(눅2:141-52)


1. 마리아와 요셉은 예수님의 나이 몇 세때 어디에, 왜 올라갔나요?

    정답 : 12세, 예루살렘, 유월절을 지키기 위해

2. 예수님은 잃어버린지 사흘 만에 성전에서 무엇을 하고 계셨고 듣는 자들의 반응은 어떠했나요?

    정답: 선생들의 말을 듣기도 하고, 묻기도 하심
    　　　지혜의 대단을 놀랍게 여김

3. 어머니가 근심하며 너를 찾았다고 얘기할 때 예수님은 어떻게 대답 하셨나요?

    정답: 내 아버지 집에 있어야 될 줄을 알지 못하였냐고 오히려 반문하셨다.

## 4. 소년 예수님은 부모님께 어떻게 행동하셨나요?

예수께서 함께 내려가사 나사렛에 이르러 순종하여 받드시더라 그 어머니는 이 모든 말을 마음에 두니라 (눅2:51)

정답: 순종하셨다.

### 티칭포인트 | 예수님의 소년시절

예수님의 소년시절에 대한 기록은 복음서에 거의 나타나지 않고 있습니다.
복음서 저자가 예수님의 소년시절까지 기록할 이유가 없었을 것이고, 또한 공생애 이후 예수님으로부터 가르침을 받았기 때문에 소년시절을 잘 알지 못했을 것입니다.
만약, 그의 육신의 부모인 요셉과 마리아가 예수님의 소년시절과 청년시절을 기록했더라면 하는 아쉬움이 있습니다.
유일하게 등장하는 예수님의 소년시절 장면은 바로 누가복음 2장 41~52절까지의 내용인데 유월절 절기를 지키기 위해 예루살렘에 함께 올라갔고 그곳에서 사흘씩이나 예수님을 잃어버린 사건입니다. 하지만 예수님은 성전에서 랍비들과 서로 토론하고 답변하고 있었습니다.
여기서 예수님은 자신이 하나님의 아들이고 메시야로 세상에 온 자란 사실을 인지하고 있었다 보여집니다.
예수님은 창세 전부터 계셨던 하나님이시고, 말씀이 육신이 되어 세상 가운데 오신 성육신하신 하나님이십니다. 세상에 오셔서 구원의 사역을 완성하시고 하늘로 승천하셨고 장차 심판의 주님으로 오십니다.

1) 한 주간 아래의 찬양을 찾아서 들어보며 묵상하는 시간을 가져보고 친구들과 함께 묵상한 내용을 나눠봅시다.

   예수전도단 - 오 예수 (앨범: Campus Worship Christmas 2010)

   눈보다 더 희게 우리의 죄 씻으러
   이 땅위에 오신 오 예수
   하늘 영광 버리고 낮고 낮은 구유에
   겸손의 왕이신 오 예수
   병든 자 억울한 자 가난한 자
   갇힌 자 자유케 하는 예수
   * 그의 강한 팔로 우리를 구하시려
     그가 우리를 살리시리라
     그의 능력으로 우리를 지키시며
     그가 세상을 다스리리라

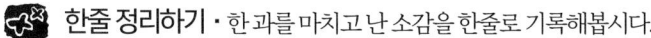

한줄 정리하기 · 한 과를 마치고 난 소감을 한줄로 기록해봅시다.

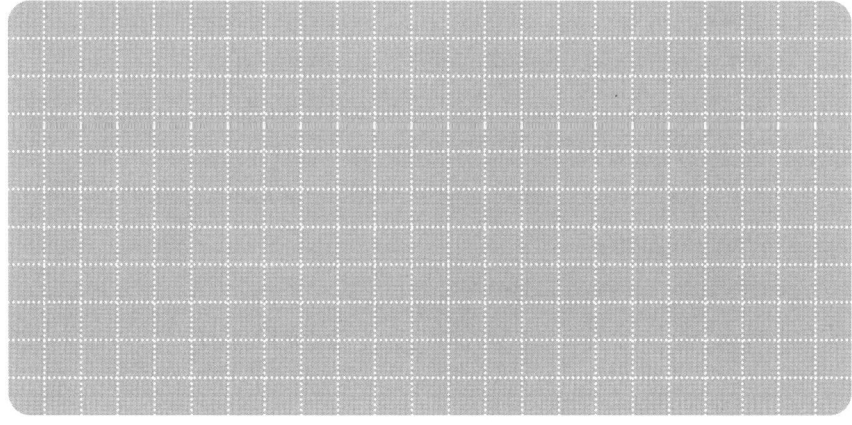

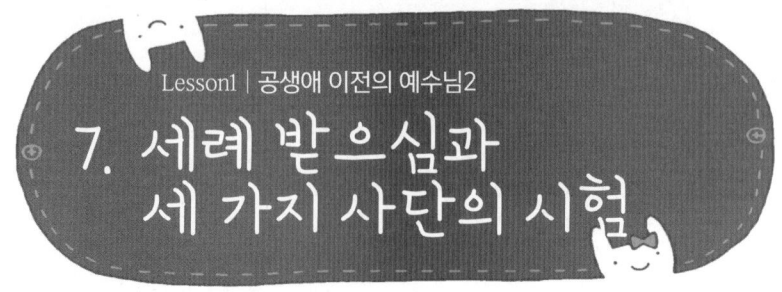

## Lesson1 | 공생애 이전의 예수님2
## 7. 세례 받으심과 세 가지 사단의 시험

**[공과 목표]**
1. 공생애 이전의 예수님의 행적을 살펴보도록 한다.
2. 금식기도와 사단의 시험을 거쳐 세례 받으심으로 공적 사역을 감당하셨음을 알게 한다.

**[질문]** 만약 학교에 시험이 없어진다면 어떤 일이 생길까요?

**설명 |** 학교생활을 하며 시험기간이 다가오면 하게 되는 생각이 있습니다. "이렇게 힘든 시험이 없어지면 얼마나 좋을까?"

그러나 우리는 시험을 통하여 그동안 배운 것들을 복습하고 재정리하는 시간을 갖게 됨으로 학업에 있어 더욱 발전하게 됩니다. 또한 시험을 통해 드러난 자신의 부족한 점, 미처 알지 못했던 문제들을 확인함으로 그것을 보강할 수 있는 기회가 되지요. 그래서 시험은 우리에게 어렵고 힘들지만 그만큼 필요한 것이라 할 수 있습니다.

그런데 이런 시험이 없어진다면 어떠한 일들이 벌어질까요? 아마도 수업에 대해 더 열심히 하려는 친구들이 적어질 것이고 학생들의 수업 변별력을 가릴 수 있는 기준이 사라져서 수업을 진행하는 데에도 어려움을 겪게 되며 학생들이 성장하는 데에도 어려움이 생길 것입니다.

친구들이 생각하는 어려움은 무엇이 있을지 다양하게 들어주시면서 오늘 배울 내용으로 자연스럽게 이어주시고 예수님께서 사단의 시험을 받으심으로 우리에게 말씀하시고자 하시는 것은 무엇인지 함께 생각해보도록 인도해주시길 바랍니다.

아래의 말씀을 깊이 묵상하고 질문에 답을 해봅시다.

### [세례 받으심]

[26] 요한이 대답하되 나는 물로 세례를 베풀거니와 너희 가운데 너희가 알지 못하는 한 사람이 섰으니 [27] 곧 내 뒤에 오시는 그이라 나는 그의 신발끈을 풀기도 감당하지 못하겠노라 하더라 [28] 이 일은 요한이 세례 베풀던 곳 요단 강 건너편 베다니에서 일어난 일이니라 [29] 이튿날 요한이 예수께서 자기에게 나아오심을 보고 이르되 보라 세상 죄를 지고 가는 하나님의 어린 양이로다 [30] 내가 전에 말하기를 내 뒤에 오는 사람이 있는데 나보다 앞선 것은 그가 나보다 먼저 계심이라 한 것이 이 사람을 가리킴이라 [31] 나도 그를 알지 못하였으나 내가 와서 물로 세례를 베푸는 것은 그를 이스라엘에 나타내려 함이라 하니라 [32] 요한이 또 증언하여 이르되 내가 보매 성령이 비둘기 같이 하늘로부터 내려와서 그의 위에 머물렀더라 [33] 나도 그를 알지 못하였으나 나를 보내어 물로 세례를 베풀라 하신 그이가 나에게 말씀하시되 성령이 내려서 누구 위에든지 머무는 것을 보거든 그가 곧 성령으로 세례를 베푸는 이인 줄 알라 하셨기에 [34] 내가 보고 그가 하나님의 아들이심을 증언하였노라 하니라 (요1:29~34)

1. 세례 요한은 자신의 존재와 예수님의 존재를 어떻게 표현했고 그렇게 표현한 이유는 무엇입니까? (27절)

   정답: 신발끈을 풀어 드리는 것 조차 감당키 어려운 고귀한 능력의 하나님

2. 요한은 예수님을 어떻게 표현하였습니까? (29절)

   정답: 세상 죄를 지고 가는 하나님의 어린양

3. 요한이 예수님은 하나님의 아들임을 증언한 이유는 어디에 있습니까?(32~33절)

정답: 성령이 비둘기같이 하늘로 내려와 그 위에 머물렀기에

**티칭포인트 | 세례란 무엇인가?**

세례는 그리스도와 함께 죄에 대해 죽고(행2:38), 예수 그리스도를 통해 새 생명으로 다시 태어나는(롬6:3-5) 그리스도와의 연합을 상징하는 의식(갈3:26-27)입니다. 하지만 세례는 이방인 중에 유대교로 개종하는 자들에게 죄를 씻는 하나의 의식이었는데 세례 요한의 등장으로 예수님의 새 언약의 그림자같이 회개의 세례를 베풀게 되었습니다.

세례 요한의 이런 행위를 예루살렘 성전 중심의 종교지도자들이 가만두고 볼 수가 없었습니다. 그래서 당시 산헤드린 공의회에서 요한의 정체를 탐지할 사람을 파견하기도 합니다(요 1장).

당시 산헤드린 공의회의 주요사역 중 하나가 모세율법을 주해한 미쉬나(Mishna)에 의하여 거짓 선지자나 이단들을 조사하여 처벌하는 것을 규정하고 있었기 때문이었습니다.

이들이 세례 요한을 이단의 한 부류로 생각했던 이유가, 세례는 이방인 개종자에게 베푸는 일종의 죄를 씻는다는 의미의 의식인데 세례를 받을 이유가 없는 유대인들에게 세례를 베풀었기 때문이었습니다. 그런 행위를 하실 분은 메시야만 가능하다고 여겼습니다.

요한은 종교지도자들이 "당신이 오시기로 한 메시야냐?" 물었을 때, 자신은 아니고 그 메시야의 길을 여는 자일 뿐이라 고백합니다. 자신은 물로 세례를 베풀 것이지만 그분(예수님)은 성령과 불로 세례를 주신다고 말합니다(마3:11, 막1:8, 눅3:16).

마태는 "… 그는(그리스도 예수님) 성령과 불로 너희에게 세례를 베푸실 것이요"(마 3:11), 마가는 "… 그는(그리스도 예수님) 너희에게 성령으로 세례를 베푸시리라"(막1:8). 누가는 "… 그는(그리스도 예수님) 성령과 불로 너희에게 세례를 베푸실 것이요"(눅 3:16) 라고 기록하고 있습니다.

그렇게 성령으로 세례를 베푸실 그분께서 이런 물로 베푸는 세례를 받기 위해 요단강가로 오셨습니다.

예수님은 세례를 받으실 이유가 없으셨습니다. 그럼에도 세례를 받으신 이유는 예수님께서 공생애 사역의 뜻에 전적으로 헌신하겠다는 의미이기도 하고, 자기 백성과 전적으로 하나 됨의 표현이라 볼 수 있습니다.

무엇보다 구속사역을 이루시기 위한 순종의 모습을 보이신 사건이었습니다.

## [알고 넘어가기]
# 사단에게 시험당하신 예수님

**아래의 성경 말씀을 읽고 질문에 답을 해봅시다.**

¹ 그 때에 예수께서 성령에게 이끌리어 마귀에게 시험을 받으러 광야로 가사 ² 사십 일을 밤낮으로 금식하신 후에 주리신지라 ³ 시험하는 자가 예수께 나아와서 이르되 네가 만일 하나님의 아들이어든 명하여 이 돌들로 떡덩이가 되게 하라 ⁴ 예수께서 대답하여 이르시되 기록되었으되 사람이 떡으로만 살 것이 아니요 하나님의 입으로부터 나오는 모든 말씀으로 살 것이라 하였느니라 하시니 ⁵ 이에 마귀가 예수를 거룩한 성으로 데려다가 성전 꼭대기에 세우고 ⁶ 이르되 네가 만일 하나님의 아들이어든 뛰어내리라 기록되었으되 그가 너를 위하여 그의 사자들을 명하시리니 그들이 손으로 너를 받들어 발이 돌에 부딪치지 않게 하리로다 하였느니라 ⁷ 예수께서 이르시되 또 기록되었으되 주 너의 하나님을 시험하지 말라 하였느니라 하시니 ⁸ 마귀가 또 그를 데리고 지극히 높은 산으로 가서 천하 만국과 그 영광을 보여 ⁹ 이르되 만일 내게 엎드려 경배하면 이 모든 것을 네게 주리라 ¹⁰ 이에 예수께서 말씀하시되 사탄아 물러가라 기록되었으되 주 너의 하나님께 경배하고 다만 그를 섬기라 하였느니라 ¹¹ 이에 마귀는 예수를 떠나고 천사들이 나아와서 수종드니라 (마태복음 4:1-11)

### 1. 마귀에게 시험받으실 당시 예수님은 어떤 상태였습니까?(2절)

정답: 사십 일을 밤낮으로 금식하신 후에 주리셨다.

### 2. 마귀의 세 가지 시험은 무엇이었습니까?

정답: 돌을 떡이 되게 하라, 성전 꼭대기에서 뛰어내리라, 절하라

**티칭포인트 | 마귀의 세 가지 시험**

예수님께서는 공생애에 앞서 제일 먼저 기도하셨습니다.
메시야가, 육신을 입으신 하나님이 기도할 필요가 있으셨을까? 권능의 하나님이셨지만 육신의 연약함을 입으셨기에 영적 권능의 공급이 필요하셨습니다.
예수님도 성령의 이끄심을 통하여 사역을 완수할 수 있었습니다. 그래서 영적 권능을 얻기 위한 40일간 금식기도를 행하셨던 것입니다.
인간적으로 가장 나약하고 힘겨운 상태로, 죄와 유혹에 노출되기 쉬운 상태에서 성령께서는 예수님을 테스트하시기로 작정하십니다.
마태복음 4장 1절 말씀에서는 예수님께서 사십 일 금식기도를 하시고 주리신 상태에서 성령에 이끌리어 사단에게 시험받으시러 가셨다고 기록하고 있습니다. 그런데 마가복음에는 더 강하게 표현하고 있는데 마가복음 1장 12절 말씀에 기록되어 있습니다.
"성령이 곧 예수를 광야로 몰아내신지라"(막1:12)

사단은 세 가지로 시험합니다. 돌을 떡이 되게 하고, 성전 높은 곳에서 뛰어내리고, 내게 경배하라고 시험합니다.
이것은 식욕, 안전욕, 숭배욕 등 인간의 가장 보편적 심리이기도 하지만 사단은 가장 유혹받기 쉬운 약점을 파고들었던 것입니다.
하지만 예수님은 '사람은 떡으로만 살 것이 아니고, 하나님의 모든 말씀으로 살 것이라, 주 너희 하나님을 시험치 말라, 주 하나님께만 경배하고 다만 그를 섬기라'는 성경말씀을 인용하면서 이런 사단의 유혹을 물리치십니다.

하나님께 상달되는 기도와 말씀이 있다면 어떠한 사단의 유혹도 물리칠 수 있음을 우리에게 보여주는 사건입니다. 또한 광야의 세 가지 시험을 이기신 것은 곧 구속사역을 이루시기 위한 공생애 시작을 의미하고 있습니다.

1) 세례 요한은 예수님에 대해 '그의 신발끈을 풀기도 감당하지 못하겠다'고 표현했습니다. 나에게 예수님은 어떤 분이신가요? 한 문장으로 서술해보고 그렇게 서술한 이유도 함께 나눠봅시다.

**가이드 |** 세례요한의 예수님에 대한 표현은 그만큼 예수님은 고귀하시고 능력이 많으시며 감히 자신이 감당할 수 없는 크고 놀라우신 하나님이라는 표현이겠지요. 우리 친구들에게 예수님은 어떤 분이신지 자유롭게 적어보도록 하세요. 그리고 친구들의 나눔을 들으며 그런 예수님께서 나를 위해 이 땅 가운데 오셨으며 생명을 내어주셨음을 이야기해주시길 바랍니다.

2) 내가 가장 넘어지기 쉬운 유혹은 무엇인지 적어보고 이번 한주 동안 친구들과 함께 작정기도를 드려봅시다.

**가이드 |** 우리 친구들이 넘어지기 쉬운 유혹은 다양할 것입니다. 그것은 게으름이나 거짓말일 수도 있고 폭력물이나 음란물 같은 매체일 수도 있습니다. 우리 친구들이 나눌 수 있는 범위에서 함께 나눠보고 한주간 함께 결심하고 기도하는 시간을 갖는다면 혼자서 결심하기 어려웠던 부분을 용기내어 할 수 있게 되며 또한 작정기도를 통해 하나님께 나의 어렵고 연약한 부분을 내려놓고 그분을 의지하는 시간이 될 것입니다.

**한줄 정리하기** · 한 과를 마치고 난 소감을 한줄로 기록해봅시다.

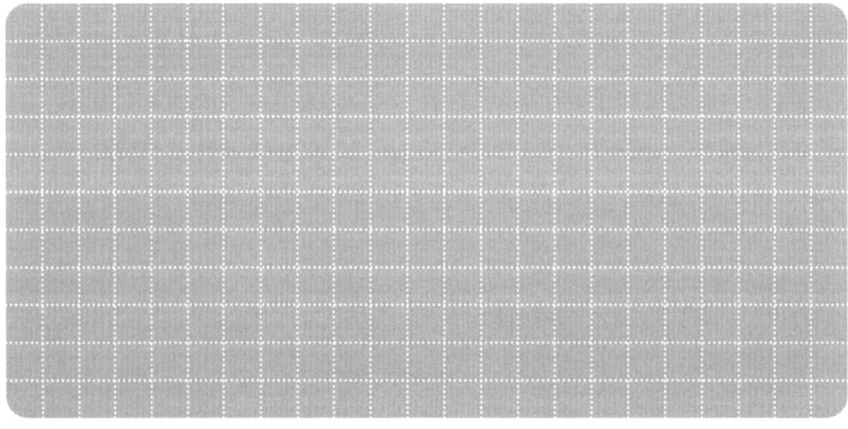

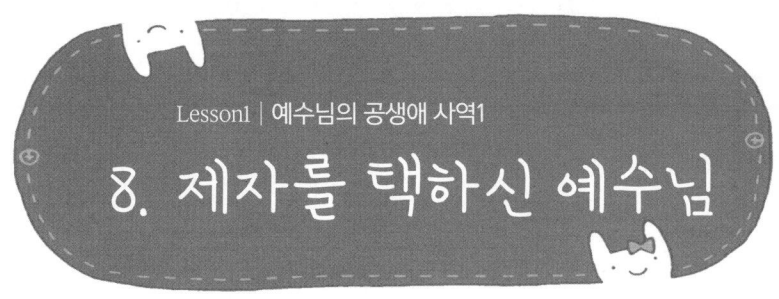

Lesson1 | 예수님의 공생애 사역1

# 8. 제자를 택하신 예수님

**[공과 목표]**
1. 예수님께서 기도로 열두 제자를 세우시고 복음전파 사명을 주심을 이해하도록 돕는다.
2. 열두 제자의 전반적인 상황을 잘 배우고 이해하도록 돕는다.

**[질문]** 내가 가장 존경하는 선생님은 누구인가요? 존경하는 이유는 무엇인가요?

**설명 |** 학교나 교회에는 친구들을 올바른 길로 인도하시고 가르치시는 선생님이 계십니다.
그리고 친구들은 선생님의 가르침을 통해 올바른 것에 대해 배우고 깨닫게 되지요. 그렇기 때문에 우리에게 선생님이 계시다는 것은 참으로 중요하고 감사한 일입니다. 아이들이 다양한 공동체에서 만나게 되는 선생님 중에서 가장 존경하는 선생님은 누구이고 그 이유는 무엇인지 자유롭게 나눠보도록 합시다.
그리고 아이들이 존경하는 이유가 무엇인지 정리해보며 예수님의 모습과 연관지어 생각해보도록 인도하시면 좋습니다.
예수님은 사랑이 많으신 분입니다. 그리고 우리의 가장 좋은 친구되시며 옳은 길로 인도해주시는 인도자 되신 분이시지요. 오늘은 예수님의 열두 제자에 대한 이야기도 등장하니 이를 통해 제자들이 예수님을 따르게 된 계기도 살펴보며 예수님의 성품을 배우고 닮아가도록 다짐하는 시간을 가지시면 좋겠습니다.

아래의 말씀을 깊이 묵상하고 질문에 답을 해봅시다.

[마가복음 3:13-19]
13 또 산에 오르사 자기가 원하는 자들을 부르시니 나아온지라 14 이에 열둘을 세우셨으니 이는 자기와 함께 있게 하시고 또 보내사 전도도 하며 15 귀신을 내쫓는 권능도 가지게 하심이러라 16 이 열둘을 세우셨으니 시몬에게는 베드로란 이름을 더하셨고 17 또 세베대의 아들 야고보와 야고보의 형제 요한이니 이 둘에게는 보아너게 곧 우레의 아들이란 이름을 더하셨으며 18 또 안드레와 빌립과 바돌로매와 마태와 도마와 알패오의 아들 야고보와 및 다대오와 가나나인 시몬이며 19 또 가룟 유다니 이는 예수를 판 자더라

1. 예수님은 제자들을 세우기 전 무엇을 하셨나요? (눅6:12~13)

   이 때에 예수께서 기도하시러 산으로 가사 밤이 새도록 하나님께 기도하시고 밝으매 그 제자들을 부르사 그 중에서 열둘을 택하여 사도라 칭하셨으니

   정답 : 기도하셨다

2. 예수님은 열두 제자를 세우시고 그들에게 어떤 능력을 주셨나요? (막3:14)

   정답 : 예수님과 함께하며 전도하고 귀신쫓는 권능을 주심.

3. 열두 제자에게 어떤 사명을 주셨나요?

   정답 : 제자를 삼고 분부한 것을 가르쳐 지키게 하라. 예수님의 증인이 되라.

   그러므로 너희는 가서 모든 민족을 제자로 삼아 아버지와 아들과 성령의 이름으로 세례를 베풀고 내가

너희에게 분부한 모든 것을 가르쳐 지키게 하라 볼지어다 내가 세상 끝날까지 너희와 항상 함께 있으리라 하시니라(마 28:19-20)

오직 성령이 너희에게 임하시면 너희가 권능을 받고 예루살렘과 온 유대와 사마리아와 땅 끝까지 이르러 내 증인이 되리라 하시니라(행 1:8)

## [알고 넘어가기]

열두 제자들에게 연관되어 있는 단어를 선으로 그어봅시다.

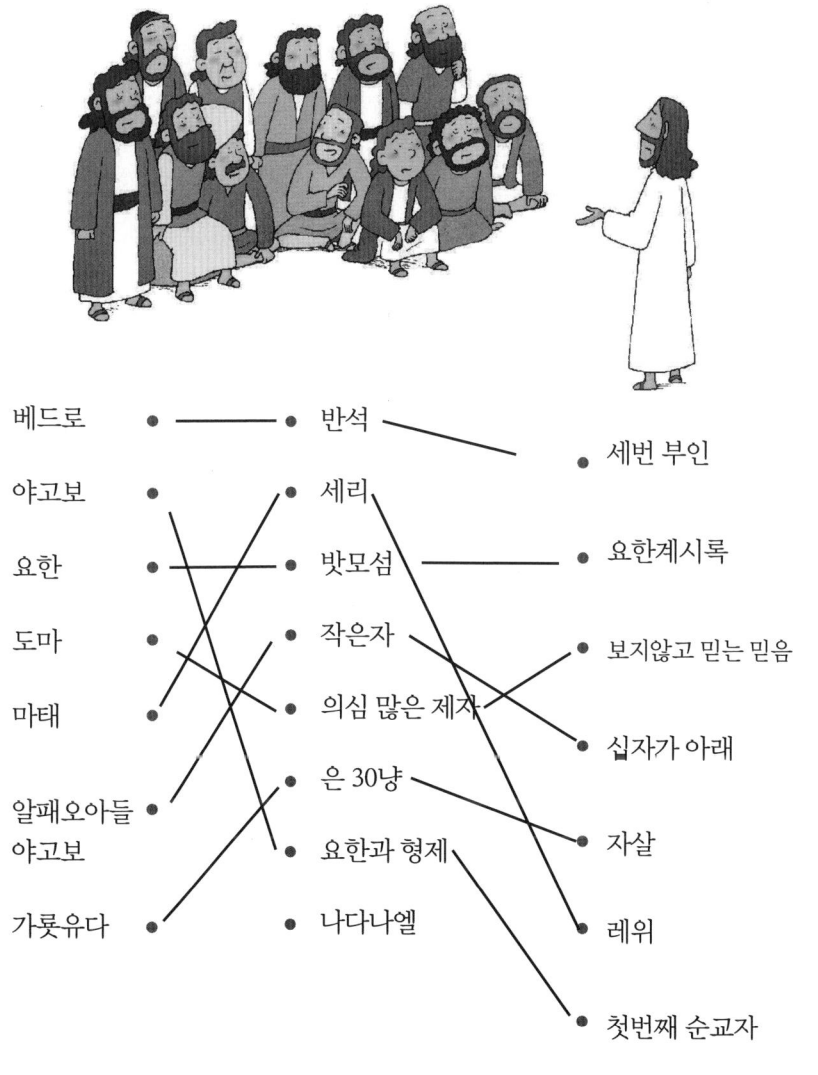

베드로 ● ─── ● 반석       ● 세번 부인
야고보 ●    ● 세리        ● 요한계시록
요한   ●    ● 밧모섬 ──── ● 보지않고 믿는 믿음
도마   ●    ● 작은자      ● 십자가 아래
마태   ●    ● 의심 많은 제자
알패오아들   ● 은 30냥     ● 자살
야고보       ● 요한과 형제  ● 레위
가룟유다 ●  ● 나다나엘
                           ● 첫번째 순교자

**티칭포인트 | 열두 제자 살펴보기**

예수님께서 세상에서 하신 사역 가운데 가장 큰 두 가지 사역을 말한다면 구속사역과 제자사역이라 볼 수 있습니다.
성경은 제자들을 부르신 내용을 기록하고 있는데 12명의 제자를 택하신 내용(마가복음 3:13-19, 누가 6:12-15), 4명의 어부가 제자가 되는 내용(마태복음 4:18-22, 마가복음 1:16-20, 누가복음 5:1-11), 마태를 부르신 내용(마태9:9-13, 마가2:13-19 누가복음 5:27-32) 입니다. 예수님께서는 그의 사역 초기부터 열두 제자를 따로 불러서 교육하셨습니다.
(마 4:18-22, 10:1-4; 막 1:16-20, 3:13-19; 눅 6:12-16; 요 1:35-51).
한 가지 기억할 것은 예수님도 제자들을 택하여 '사도'로 세우실 때 '밤이 맞도록' 기도하셨다는 점입니다(눅 6:12).
이는 열두 제자를 세우는 일이 매우 중요한 일이었음을 시사해주고 있습니다. 예수님의 열두 제자를 간략하게 살펴보겠습니다.


### 1. 전달자 안드레 (요한복음 1:38-44, 막1:14-17)

그는 사람을 예수님께로 소개하는 일을 잘해서 '전달자', '소개자'라는 별명이 붙었습니다. 안드레는 자기의 형제인 베드로를 예수님에게 데려왔습니다. 또한 이름 없는 한 아이를 예수님에게 데려왔습니다.

> 제자 중 하나 곧 시몬 베드로의 형제 안드레가 예수께 여짜오되 여기 한 아이가 있어 보리떡 다섯 개와 물고기 두 마리를 가졌나이다 그러나 그것이 이 많은 사람에게 얼마나 되겠삽나이까?(요6:8-9)

또한 안드레는 헬라 사람 몇을 예수님에게 데려왔습니다. 요한복음 12:20-22절에 보면 명절에 예배하러 올라온 사람 중에 헬라 사람 몇이 있었다고 했습니다. 그들은 예수님 만나보기를 원했는데, 헬라 사람 몇이 빌립에게 가서 예수님을 만나기를 말하자 빌립은 안드레에게 이 사실을 전했습니다.
안드레는 인간관계가 원만했고 이방 사람들에 대한 이해가 깊었습니다.

## 2. 빌립 (요한복음 1:43-46)

빌립의 이름의 뜻은 '말을 좋아하는 사람'입니다. 초대교회 문서에 의하면 그는 스불론 지파 출신으로 헬라 문화의 영향을 많이 받아서 개방적인 분위기에서 성장했습니다. 빌립에 대해 성경이 말씀하고 있는 곳은 요한복음 밖에 없습니다. 예수님께서 빌립에게 "나를 좇으라" 하시자 빌립은 바로 주님을 따르게 되었습니다. 확신이 든 이후에 빌립은 나다나엘을 찾아갑니다.
그리고 "모세가 율법에 기록하였고 여러 선지자가 기록한 그 이를 우리가 만났으니 요셉의 아들 나사렛 예수니라"고 말합니다.

요한복음 6장 1절 말씀을 보면 빌립은 철저히 계산적인 사람입니다. 계산적이라기보다 현실적인 사람입니다.
오병이어 사건의 내용을 보면, 4절-5절에 "마침 유대인의 명절인 유월절이 가까운지라 예수께서 눈을 들어 큰 무리가 자기에게로 오는 것을 보시고 빌립에게 이르시되 우리가 어디서 떡을 사서 이 사람들로 먹게 하겠느냐 하시니" 라고 주님께서 빌립에게 물으십니다.
그때 빌립은 7절에서 "빌립이 대답하되 각 사람으로 조금씩 받게 할지라도 이백 데나리온의 떡이 부족하리이다" 라고 대답합니다.
이 부분을 통해 그가 계산에 빠른 사람임을 알 수 있습니다. 남자만 5천 명임을 계산할 때 한 사람당 얼마의 식사비를 계산하여 총 액수를 산출해 낸 것입니다.
또한 빌립은 끝까지 확신하려는 성격입니다 (요14:8).
"빌립이 가로되 주여 아버지를 우리에게 보여 주옵소서 그리하면 족하겠나이다" 주님께서 "나를 본 자는 아버지를 본 것이다"라는 주님의 말씀에 그 하나님 아버지를 보여달라고 간청합니다. 확인하고 싶어하는 빌립의 성격을 엿볼 수 있는 장면입니다. 이런 빌립의 성격을 주님은 책망하십니다.

예수께서 가라사대 빌립아 내가 이렇게 오래 너희와 함께 있으되 네가 나를 알지 못하느냐 나를 본 자는 아버지를 보았거늘 어찌하여 아버지를 보이라 하느냐 (요14:9)

그는 이후 소아시아에서 선교하였다고 전해집니다. 라오디게아, 골로새 등지에서 사역했는데 히에라폴리스라는 도시에서 복음을 전하다가 기독교를 박해하는 무리들에게 잡혀서 몰매를 맞고 십자가를 지면서 순교한 것으로 전해지고 있습니다.

### 3. 순전한 사람 나다나엘 (요한 1:43-49)

'순전하다' 라는 말은 순수하고 완전하다라는 뜻입니다.
공관복음 즉 마태, 마가, 누가복음에서는 그의 이름이 나다나엘이 아닌 '바돌로매'로 불리고 있습니다. 나다나엘이 제자가 되는 과정은 그의 친구 빌립의 전도를 통하여 이루어졌습니다. 나다나엘은 간사한 것이 없는 사람입니다. 예수님은 나다나엘에게 말씀하십니다.

> 예수께서 나다나엘이 자기에게 오는 것을 보시고 그를 가리켜 가라사대 보라 이는 참 이스라엘 사람이라 그 속에 간사한 것이 없도다(요 1:47)

나다나엘은 마음을 열고 자신의 신앙을 고백할 줄 아는 사람이었습니다.
그는 주님을 만나고 나서 즉시 자기가 발견하고 깨달은 진리를 인정하며 주님께 "당신은 하나님의 아들이시오, 당신은 이스라엘의 임금이로소이다" 라고 고백합니다.
나다나엘은 브리기아, 헤라홀리스, 알메니아와 인도 등지에서 복음을 전파했다고 전해지고 있습니다. 한 전설에 의하면 그는 우상숭배가 심한 아르메니아 지방에서 16년간 전도하다가 곤봉으로 맞고 살갗을 벗기우고 십자가에서 머리를 떨구고 죽은 후 시체는 자루에 넣고 묶어서 바다에 던져졌다고 합니다.

### 4. 모든 것을 포기한 사람 마태 (마9:9-13)

그의 원래 이름은 '레위'로 마가와 누가는 마태를 레위라고 불렀습니다. 또한 마태복음에서는 자신을 스스로 '마태'라고 부르고 있습니다(막2:14/3:18/눅5:27/6:15).

마태 시대의 사람들은 세리는 변화될 수 없다는 생각을 가지고 있었을 것입니다. 그렇지만 예수께서는 마태의 잠재능력을 보셨습니다.

마태는 예리했고 훈련되어 있었으며 용모가 출중하고 헬라인과 라틴 사람과 아랍인에 대하여는 정통하였습니다. 마태가 에디오피아와 바사에서 복음을 전파했다는 전설이 있습니다.

그리고 어느 날 에디오피아에서 에굽으로 향하여 돌아오는 길에 복음을 방해하는 사람들을 만나 창에 찔려 거기에서 죽임을 당했다고 역사는 기록하고 있습니다.

### 5. 불타는 정열의 사람, 시몬 (막3:13-19, 마10:1-4, 눅6:15, 행1:13)

성경에 그에 대하여 알려진 것은 "가나나인 시몬, 혹은 셀롯인 시몬"이라고 제자들의 명단에 나올 때 기록된 것뿐입니다.

그는 유대인으로서 셀롯당에 속했던 사람임을 말해주고 있습니다. 셀롯당이라는 것은 열심당원을 말하는 것입니다.

사도행전 1장 4-6절을 보면 주님께서 부활 후 승천하시기 전에 제자들과 함께 할 시간이 있었습니다. 이때 제자 중에 한 사람이 물어봅니다.

"저희가 모였을 때에 예수께 묻자와 가로되 주께서 이스라엘 나라를 회복하심이 이 때니이까 하니".

이 질문을 한 제자가 누구인지 나와 있지 않습니다. 그러나 분위기로 봤을 때 열심당원이었던 시몬이 질문을 했을 것이라고 추측하는 것은 무리가 아니라고 생각합니다.

그는 뜨거운 열정의 사람이었습니다. 또한 열심당원이였지만 시몬의 마음에 화합의 마음이 있었습니다.

예수님의 제자 중 세리 마태와 셀롯인 시몬은 함께할 수 없고 화합할 수 없는 자였습니다. 당시의 사회적 분위기로 봐서는 절대 용납이 될 수 없습니다. 왜냐하면 마태는 세리로서 로마제국에 팔렸던 사람이고 시몬은 로마를 증오한 사람이었기 때문입니다.

시몬이 열렬한 애국자였다면 마태는 매국노였습니다.
마태는 로마제국의 도구였으나 시몬은 압제자의 적이었습니다. 그런데 이들은 팀웍을 이루어 함께 생활하며 주님을 따를 수가 있었습니다. 그 비결은 주님의 사랑의 힘이었을 것입니다.


### 6. 작은 야고보 (마10:3, 막3:18, 눅6;15, 행1:13)

흔히 알패오의 아들 야고보로 알려져 있습니다.
그의 아버지 이름은 알패오였고 어머니는 주님이 십자가에 달리실 때 함께 있었던 마리아입니다. 알패오의 아들 야고보라고도 불리웠지만, 성경엔 '작은 야고보'라고도 불리웠습니다.


### 7. 유다(다대오) (마태복음 10:2-4)

열두 제자 중에는 같은 이름이 셋이나 됩니다. 시몬, 야고보, 그리고 유다입니다. 요한복음에서는 배신자 유다와 구별하느라고 "가룟 유다가 아닌 유다가.."(요 14:22)라고도 설명합니다. 그리고 마태와 마가복음에서는 다른 이름을 사용했습니다. 마가복음에서는 '다대오'(막 3:18)라는 이름만을 사용했습니다.
다대오는 선교적 관심이 남달랐던 제자였습니다. 또한 사랑이 많았던 제자입니다. 다대오라는 말의 뜻은 '사랑스러운'이라는 뜻입니다.
한 신학자는 이 인물 연구를 하면서 예수님의 열 두 제자 가운데서 요한이 '적극적인 사랑의 사도'라면, 이 유다는 '조용한 사랑의 사도'라고 말했습니다.


### 8. 가룟 유다 (마태복음 27:3-10)

유다는 주님을 위하여 복음을 전도하러 다니기도 했으며 귀신을 내쫓기도 하였습니다(눅 10:17-20).

유다를 열두 제자의 회계로 택한 것은 동료들이 그를 상당히 신임하였음을 말해 주고 있습니다(요 12:6).
그는 동료들 전원의 동의를 받아서 돈을 가방에 챙기고 지불하는 책임을 맡았기 때문입니다. 사실 전문 세리가 제자들 안에 있었습니다. 바로 마태입니다. 그런 전문가가 있었음에도 굳이 유다를 회계로 삼은 것으로 보아 제자들이 그를 얼마나 신임하고 있는지를 단적으로 보여주는 예일 것입니다.

제자로 출발할 때에 그는 신중하고 정직했으며 유능하고 실질적인 사람이었습니다. 그러나 돈에 눈이 어두웠습니다. 그리고 그의 인생은 참으로 비참한 자살로 끝을 맺었습니다.
예수께서는 유다에게 "인자는 자기에게 대하여 기록된 대로 가거니와 인자를 파는 그 사람에게는 화가 있으리로다 그 사람은 차라리 나지 아니하였더면 좋을 뻔하였느니라"(막 14:21)고 말씀하셨습니다.

유다를 타락하게 만든 요인은 무엇이었을까요?
그것은 예수님에 대한 기대가 맞지 않았기 때문입니다. 그는 메시야가 로마로부터 이스라엘을 구하고 통치할 것을 기대했습니다. 그리고 예수님의 사명에 대한 자신의 생각이 너무도 거리가 먼 것임을 깨달았습니다.
또한 유다는 탐욕 때문에 무너졌습니다.
유다는 비싼 향유를 예수께 바르는 마리아의 행동에 대하여 "이 향유를 삼백 데나리온에 팔아 가난한 자들에게 어찌하여 주지 않느냐?"고 비난했습니다.
요한은 "이렇게 말함은 가난한 자들을 생각함이 아니오 저는 도적이라 돈궤를 맡고 거기 넣는 것을 훔쳐감이러라"고 유다에 대하여 지적하였습니다.

또한 유다는 자기의 마음을 다스리지 못했습니다. 가룟 유다가 주님을 팔기까지의 과정을 보면 우리가 죄를 지을 때의 과정과 같다는 것을 알게 됩니다(요13:2).
"마귀가 벌써 시몬의 아들 가룟 유다의 마음에 예수를 팔려는 생각을 넣었더니"라고 기록한 것을 보면 먼저 마귀는 우리의 마음에 생각을 집어넣습니다.
또한 유다는 돌이킬수 없는 결론을 내려버렸습니다. 자책으로 인한 자살로 생을 마감했던 것입니다.

## 9. 베드로 (요한 21:15-18)

매우 급하고 저돌적인 성격입니다. 충동적이고 성급하고 경솔하고 무모하며, 지나치게 열정적이고 명랑하며 반응이 대단히 빠른 사람입니다. 베드로는 늘 열두 제자들의 대변자 역할을 하기도 했습니다.

또한 순발력이 있어서 주님이 "너희는 나를 누구라고 생각하느냐?"고 질문했을 때 "주는 그리스도시오, 살아계신 하나님의 아들입니다" 라고 시원하게 대답하여 주님으로부터 칭찬을 받았습니다.

그러나 곧이어 주님이 십자가를 져야 한다고 말씀하시자 베드로는 주님께 그런 일이 절대 일어나지 않을 것이라고 강하게 얘기합니다.
그때 주님은 그를 책망하십니다.
"사단아 내 뒤로 물러가라 나를 넘어지게 하는 자로다. 네가 하나님의 일을 생각지 아니하고 도리어 사람의 일을 생각하는도다."
베드로의 원래 이름은 시몬입니다. 시몬이라는 말은 히브리 이름으로 시몬이 본명입니다. 그러나 주님으로부터 '게바'(아람어) 혹은 헬라어로 '베드로'라는 이름을 받게 되었습니다(요한1:42).
베드로는 주님의 사랑을 가장 많이 받던 제자였지만 그럼에도 세 번이나 주님을 부인합니다.
베드로는 초대교회 시작의 대표자였습니다. 성령충만한 베드로는 말씀에 큰 은사를 덧입어 설교할 때 하루에 삼천 명이 넘는 사람이 회개하고 주님께 돌아오는 역사도 일어났습니다. 이후, 로마까지 가서 복음을 전하다 십자가에 거꾸로 달려 죽임당했다고 전해집니다.

## 10. 첫 순교자 야고보 (막10:35-45, 사도행전 12:1-2)

세베대의 아들 중 요한과 야고보가 있습니다. 이 두 형제는 너무나 폭발적인 성격을 가지고 있어서 주님께서 '우뢰의 아들'(The sons of Thunder, Boaneqe)이라는 뜻을 가진 '보아너게'를 별명으로 지어주셨습니다.

"또 세베대의 아들 야고보와 야고보의 형제 요한이니 이 둘에게는 보아너게 곧 우뢰의 아들이란 이름을 더하셨으며.." (막3:17)

왜 이러한 별명이 있었을까요? 불같은 성격을 가지고 있었기 때문입니다. 주님께서 제자들과 사마리아 지역에 가셨을 때, 일행이 사마리아인들에게 쉴 곳을 간청했지만 보기 좋게 거절당하였습니다. 시장하고 피로에 겹친 제자들은 불친절한 접대에 화가 났습니다.

그때 제자 중에서 "주여! 우리가 불을 명하여 하늘로 좇아내려 저희를 멸하라 하기를 원하나이까?" 라고 말했는데(눅9:54) 이는 소돔성을 불과 유황으로 멸망시켰던 것처럼 예수님께서 하늘에 불을 떨어지게 해서 저들을 심판하라는 것이었습니다.

이 과격한 말을 한 제자가 바로 야고보와 요한입니다. 이렇듯 불같은 성격인 요한이 사랑의 사도가 되기까지 얼마나 많이 변했을까요?

야고보는 위대한 사도입니다. 주님이 승천하시기 전, (행1:8) '온 유대와 사마리아와 땅 끝까지' 증인이 되라 하셨을 때, 사마리아까지 가서 복음을 전하였습니다.(행8:25) 또한 그는 실수한 일을 지적하여 주신 주님의 교훈을 곧바로 실천하는 사도였습니다.

야고보와 요한은 야망이 있었던 제자입니다. 37절에 보면(막10:37) 그들은 "여짜오되 주의 영광 중에서 우리를 하나는 주의 우편에 하나는 좌편에 앉게 하여 주옵소서" 라고 부탁을 합니다.
주님이 앞으로 정치적인 정권을 잡게 될 때 자기들을 주님 다음의 2인자가 되도록 미리 부탁을 하는 모습입니다.

한편, 야고보는 위대한 첫 순교자로 헤롯 아그립바 왕에 의해 칼에 찔려 순교당합니다.

## 11. 가장 사랑하는 제자: 요한 (요한 1:35-42, 막1:19-20)

요한은 형제인 야고보와 함께 가버나움에서 베드로, 안드레와 고기를 잡았습니다. 요한의 아버지는 세베대이고(마 10:2) 부유한 집안이었습니다. 그러나 그는 그 모든 것을 포기하고 주님의 제자가 되었습니다.

요한은 "여호와의 은총을 받는다"는 이름의 뜻 그대로 주님의 사랑받는 일생을 살았습니다. 모든 사도 가운데서 오직 요한만이 십자가 옆에 서서 예수님의 마지막 임종을 지켜보았는데 예수께서 마지막으로 하신 말씀을 들은 제자가 유일하게 요한뿐이었습니다.
예수님은 요한을 바라보시면서 자기 어머니에게 "여자여, 보소서 아들이니이다"라고 하시고 요한에게 그 어머니를 가리키며 "보라, 네 어머니라" 하셨습니다(요 19:26 -27).

요한은 예루살렘에 있는 자기의 집으로 마리아를 모셔온 후 자신의 친어머니처럼 섬겼습니다. 오직 요한만이 예수님의 '내가 목이 마르다', '다 이루었다'는 최후의 말씀을 기록하였습니다.
그리고 요한은 예수님께서 고개를 떨구시고 예수님의 영혼이 떠나가시는 것을 지켜보았습니다. 군병이 예수님의 옆구리를 찌를 때 피와 물이 나온 것과 요셉과 니고데모가 장사한 사실을 말한 것도 요한뿐이었습니다(요 19:38-42).
요한은 용감하였으며 최후까지 예수님께 헌신하였습니다. 예수님을 사랑했기 때문에 그는 용감할 수 있었습니다.

"사랑 안에 두려움이 없고 온전한 사랑이 두려움을 내어 쫓나니 두려움에는 형벌이 있음이라 두려워하는 자는 사랑 안에서 온전히 이루지 못하였느니라"(요일 4:18)

예수를 처음 따를 때 가장 어린 소년이었던 요한은 열두 사도 가운데서 제일 장수했습니다. 소아시아 태생으로 요한의 제자이면서 폴리갑(Polycarp)과 잘 아는 이레니우스(Irenaeus)가 말하기를 요한은 주후 98년까지 에베소에서 살았다고 합니다. 에베소에서 멀지 않은 에게해에 있는 아름다운 섬 밧모에 요한이 유배된 일이 있다는 사실은 잘 알려져 있습니다.

계시록의 인사말에서 "나 요한은 너희 형제요 예수의 환난과 나라와 참음에 동참하는 자라 하나님의 말씀과 예수의 증거를 인하여 밧모라 하는 섬에 있었더니"(계1:9) 라고 쓰고 있습니다.

주님께서 가장 사랑했던 제자인 사도 요한은 요한복음, 요한 1,2,3서 그리고 요한계시록을 기록한 사도가 되었습니다.

1) 나는 예수님의 제자인가요? 내가 생각하기에 예수님의 제자로서 갖추어야 할 것은 무엇이라고 생각하는지 함께 나눠봅시다.

**가이드 |** 오늘 배운 예수님의 제자들은 예수님의 말씀을 배우고 예수님을 따라 살았습니다. 그리고 예수님께서 주신 사명을 가지고 복음을 전하며 예수님의 증인된 삶을 살았지요. 아이들이 생각하는 제자의 모습은 무엇인지 나눠보면서 오늘의 말씀을 정리해보고 또한 제자된 삶을 살기 위해 함께 기도하는 시간을 가져보시길 바랍니다.

2) 예수님의 제자된 삶을 살고 복음을 위해 삶을 바쳤던 선교사 분들이 있습니다. 한 주간 양화진을 방문하고 느낀 점을 함께 나눠봅시다.

**가이드 |** 함께 시간을 내어서 양화진을 방문해보시길 바랍니다. 그리고 그곳에서 설명을 들으며 오직 예수님의 말씀을 따라 먼 타국인 이곳 한국에서 삶을 바쳐 복음을 전한 선교사님들의 희생을 듣고 느낀 점을 함께 나누는 시간을 가져보세요.

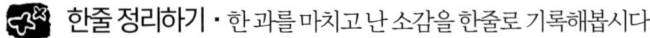

한줄 정리하기 · 한 과를 마치고 난 소감을 한줄로 기록해봅시다.

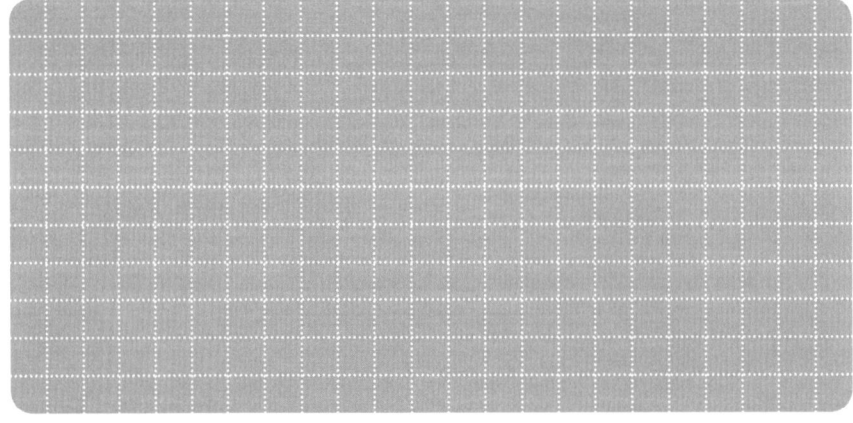

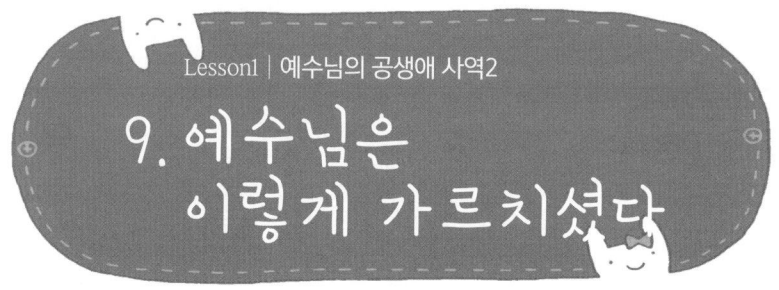

# Lesson1 | 예수님의 공생애 사역2

## 9. 예수님은 이렇게 가르치셨다

**[공과 목표]**
1. 예수님께서 말씀하신 가장 큰 두계명을 잘 알고 어떻게 실천할지 깨닫도록 돕는다.
2. 예수님의 가르침(산상수훈)에 대해 잘 배우도록 한다.

[질문] 내 인생에 있어서 가장 가치있는 것 3가지는 무엇인가요?

(물건, 사람, 가치관 등)

**설명 |** 가치란 인간 행동에 영향을 주는 어떠한 바람직한 것, 또는 인간의 지적·감정적·의지적인 욕구를 만족시킬 수 있는 대상이나 그 대상의 성질을 의미한다고 합니다.

이렇게 본다면 친구들에게 가치있는 것의 범위는 넓어지겠지요. 그것은 각자가 아끼는 물건이나 부모님, 친구처럼 사람이 될 수도 있으며 또는 자신의 신념처럼 생각하는 가치관일 수도 있습니다. 친구들이 자유롭게 생각하며 다양한 생각을 나눌 수 있도록 인도해주시고 친구들이 가치있게 생각하는 이유에 대해서도 꼭 들어보시길 바랍니다. 이를 통해 친구들 마음 속의 중심이 무엇인지 살펴볼 수 있습니다.

이를 통해 예수님께서는 오늘 말씀을 통해 우리에게 무엇을 가치있게 여기라고 말씀하셨는지 알아보시면 좋습니다.

아래의 말씀을 깊이 묵상하고 질문에 답을 해봅시다.

[마22:34-40]

34 예수께서 사두개인들로 대답할 수 없게 하셨다 함을 바리새인들이 듣고 모였는데 35 그 중의 한 율법사가 예수를 시험하여 묻되 36 선생님 율법 중에서 어느 계명이 크니이까 37 예수께서 이르시되 네 마음을 다하고 목숨을 다하고 뜻을 다하여 주 너의 하나님을 사랑하라 하셨으니 38 이것이 크고 첫째 되는 계명이요 39 둘째도 그와 같으니 네 이웃을 네 자신 같이 사랑하라 하셨으니 40 이 두 계명이 온 율법과 선지자의 강령이니라

1. 예수님께서 말씀하신 가장 큰 계명 두 가지는 무엇입니까?

   정답: 하나님 사랑, 이웃사랑

2. 예수님께서는 이 위대한 계명을 어떻게 실천하라고 말씀하셨습니까?

   하나님 사랑: 마음을 다하고, 목숨을 다하고 뜻을 다하여
   이웃 사랑: 네 자신같이
   예수님께서 우리에게 주신 가장 큰 사명

3. 요한복음에서 예수님은 새로운 계명을 주셨습니다. 어떤 계명입니까?

   34 새 계명을 너희에게 주노니 서로 사랑하라 내가 너희를 사랑한 것 같이 너희도 서로 사랑하라 35 너희가 서로 사랑하면 이로써 모든 사람이 너희가 내 제자인 줄 알리라 (요13:34-35)

   정답: 서로 사랑하라는 계명

4. 아래의 성경구절을 참고하여 빈칸을 채워보고 예수님이 세상에 오신 목적을 정리해봅시다.

인자가 온 것은 섬김을 받으려 함이 아니라 도리어 섬기려 하고 자기 목숨을 많은 사람의 대속물로 주려 함이니라(막10:45)

인자가 온 것은 잃어버린 자를 찾아 구원하려 함이니라(눅19:10)

예수님이 세상에 오신 이유는 (섬기시고) 죄에서 죽을 우리를 (구원)시키기 위해 오셨다.

[알고 넘어가기]

## 예수님께서 가르치신 내용 이해하기 (마4:1-11)

마태복음 5~7장까지를 산상수훈이라고 합니다. 5장 1~12절까지는 팔복이라 하여 천국시민의 특징과 그에 대한 상급을 약속하고 있습니다. 성경을 찾아 아래의 빈칸을 채워봅시다.

누가 틀리지 않고 빨리 성경 말씀을 찾아 (　)를 채울 수 있을까요?

1. 마태복음 5장 1~12절까지의 말씀을 찾아 빈칸의 단어를 채워봅시다.

1 예수께서 무리를 보시고 산에 올라가 앉으시니 제자들이 나아온지라
2 입을 열어 가르쳐 이르시되
3 (심령)이 가난한 자는 복이 있나니 (천국)이 그들의 것임이요
4 애통하는 자는 복이 있나니 그들이 (위로)를 받을 것임이요
5 (온유)한 자는 복이 있나니 그들이 땅을 기업으로 받을 것임이요
6 (의)에 주리고 목마른 자는 복이 있나니 그들이 배부를 것임이요

7 긍휼히 여기는 자는 복이 있나니 그들이 (긍휼)히 여김을 받을 것임이요

8 마음이 (청결)한 자는 복이 있나니 그들이 하나님을 볼 것임이요

9 (화평)하게 하는 자는 복이 있나니 그들이 하나님의 아들이라 일컬음을 받을 것임이요

10 의를 위하여 박해를 받은 자는 복이 있나니 천국이 그들의 것임이라

11 나로 말미암아 너희를 욕하고 박해하고 거짓으로 너희를 거슬러 모든 악한 말을 할 때에는 너희에게 복이 있나니

12 기뻐하고 즐거워하라 하늘에서 너희의 상이 큼이라 너희 전에 있던 선지자들도 이같이 박해하였느니라

## 2. 성경 말씀을 찾아 빈칸에 단어를 채워봅시다.

(마태복음 5:13~14)

13 너희는 세상의 (소금)이니 (소금)이 만일 그 맛을 잃으면 무엇으로 짜게 하리요 후에는 아무 쓸 데 없어 다만 밖에 버려져 사람에게 밟힐 뿐이니라 14 너희는 세상의 (빛)이라 산 위에 있는 동네가 숨겨지지 못할 것이요 (마5:13~14)

(마태복음5:39)

나는 너희에게 이르노니 악한 자를 (대적)하지 말라 누구든지 네 오른편 뺨을 치거든 (왼편)도 돌려 대며

(마태복음 5:44)

나는 너희에게 이르노니 너희 원수를 (사랑)하며 너희를 박해하는 자를 위하여 (기도)하라

(마태복음6:3~4)

3 너는 구제할 때에 오른손이 하는 것을 (왼손)이 모르게 하여 4 네 구제함을 (은밀)하게 하라 은밀한 중에 보시는 너의 아버지께서 갚으시리라

(마태복음 6:9-13, 33)

9 그러므로 너희는 이렇게 기도하라 하늘에 계신 우리 아버지여 이름이 거룩히

여김을 받으시오며 10 나라가 임하시오며 (뜻)이 하늘에서 이루어진 것 같이 땅에서도 이루어지이다 11 오늘 우리에게 일용할 (양식)을 주시옵고 12 우리가 우리에게 죄 지은 자를 사하여 준 것 같이 우리 죄를 사하여 주시옵고 13 우리를 (시험)에 들게 하지 마시옵고 다만 (악)에서 구하시옵소서 (나라와 권세와 영광이 아버지께 영원히 있사옵나이다 아멘)

(마태복음 6:33)
그런즉 너희는 먼저 그의 (나라)와 그의 (의)를 구하라 그리하면 이 모든 것을 너희에게 (더)하시리라

(마태복음 7:7-8, 13-14, 21)
7 (구하라) 그리하면 너희에게 주실 것이요 (찾으라) 그리하면 찾아낼 것이요 문을 두드리라 그리하면 너희에게 열릴 것이니 8 구하는 이마다 받을 것이요 찾는 이는 찾아낼 것이요 두드리는 이에게는 열릴 것이니라

(마태복음 7:13-14)
13 (좁은 문)으로 들어가라 멸망으로 인도하는 문은 크고 그 길이 넓어 그리로 들어가는 자가 많고 14 (생명)으로 인도하는 문은 좁고 길이 협착하여 찾는 자가 적음이라

(마태복음7:21)
나더러 주여 주여 하는 자마다 다 천국에 들어갈 것이 아니요 다만 하늘에 계신 내 아버지의 (뜻)대로 (행)하는 자라야 들어가리라


**티칭포인트 | 산상수훈**

산상수훈은 초대교회 때부터 오늘날까지 믿는 자들의 윤리적 행위의 지침이 되고 있는 예수님의 중요한 가르침입니다. 그 내용은 마태복음 5~7장에 걸쳐 기록되고 있는데 '팔복'(八福)을 서두로 하여 사회적 의무, 자선행위, 기도, 금식(禁食), 이웃사랑 등에 관한 예수의 가르침을 말합니다.

예수님은 늘 회개와 천국의 메시지를 전하며 가르치셨는데 특별히 산상수훈과 부활하신 이후 감람산에서의 가르침(마24~25장)은 예수님의 가르침의 중심이 됩

니다.

산상수훈은 갈릴리 주변 가버나움이라는 마을의 산에서 가르치신 설교로 팔복과 빛과 소금의 삶, 하나님 나라의 의에 대한 가르침, 구제와 금식, 재물관, 이웃사랑의 구체적인 사례로 천국인의 삶의 자세에 대해 말씀하고 계십니다.
그로인해 치유와 기적과 병고침에만 고정되어 있던 저들에게 참다운 천국의 복음을 장대히 설명하신 것입니다.
산상수훈은 '죽고나서 천국에 어떻게 들어가는가'에 대한 가르침이 아니라 '이 세상의 믿는 자, 천국시민으로서 어떻게 사랑을 베풀며 복음을 전하고 살아야 하는가'에 대한 중요한 가르침을 주고 있습니다.

또한 산상수훈이 끝나고 마태복음 8~9장에는 나병환자를 고쳐주시고 중풍병으로 고생하는 백부장의 하인을 고쳐주시며 베드로의 장모의 열병을 고쳐주시는 등 각색병자를 치유하시고 귀신들린 자를 쫓아주시기도 하십니다.

산상수훈은 한 마디로 '믿는 자는 어떻게 행해야 할까?'이며 믿는 자의 행위에 관한 가르침이라 볼 수 있습니다. 팔복의 내용과 더불어 빛과 소금(마5:13)의 역할을 감당할 것과 예수님께서는 율법의 완성자(마5:17)이심을 기록하고 있습니다.
또한 예수님은 십계명의 철저한 해석을 설명하기도 하셨습니다.
예를 들어, 십계명에는 살인치 말라 기록하고 있는데 형제에게 노하거나 미움만 품어도 이미 살인한 것과 마찬가지라 말씀하셨고 또한 간음치 말라하였는데, 여자를 보고 음욕을 품어도 이미 간음한 것이라(마5:27~28) 기록하고 있습니다.
또한 원수까지도 사랑하고(마5:43~44) 외식하지 말고, 염려하지 말고, 비판하지 말 것도 설명하고 계시며 세상의 유혹과 쾌락을 버리고 하나님께서 원하시는 좁은 문으로 들어갈 것을 말씀하십니다.

모든 것에는 행함이 있어야 진정한 믿음이며, 그렇기 때문에 "나더러 주여 주여 하는 자마다 천국에 들어갈 것이 아니라"(마7:21)기록하고 있습니다.
이처럼 산상수훈은 믿는 자는 외식함없이 실천하는 믿음이 되어야 함을 말하고 있습니다.

[예수님의 주요 가르침]

산상수훈(마5-7장)
열두명을 내어보내실 때 말씀(마10:5-42)
귀신을 내어 쫓은 것에 관한 논쟁(마12:22-45)
비유들(마13:1-52)
장로들의 유전에 대한 가르침(마15:1-20), (막7:1-23)
서기관과 바리새인들을 향한 선포(마23)
감람산 설교 최후의 날(마24:4-25, 막13:3-37, 눅21:7-36)
회당에서 예수님의 첫 번째 말씀(눅4:17-27)
평지에서의 설교말씀(눅6:17-49)
잃어버린 것에 관한 설교(눅15)
인자의 권세에 대한 설교(요5:19-47)
명절 끝에 하신 설교(요7:37-38)
양과 목자에 관한 가르침(요10:1-8)


[예수님의 비유들]

씨 뿌리는 자와 씨(마13:1-8, 막4:3-8, 눅8:5-8)
가라지 비유(마13:24-30)
겨자씨 비유(마13:31-32, 막4:30-32, 눅13:18-19)
누룩의 비유(마13:33, 눅13:20-21)
감추인 보화(마13:44)
값 비싼 진주(마1:47-50)
그물(마13:47-50)
저절로 자라난 씨앗(막4:26-29)
포도원의 품꾼들(마20:1-16)
달란트 비유(마25:14-30)

열므나 비유(눅19:11-27)

무익한 종들 비유(눅17:7-10)

밤중에 찾아온 친구(눅11:5-8)

불의한 재판관 비유(눅18:1-8)

잔치자리에서 말석(눅14:7-11)

바리새인과 세리(눅18:9-14)

선한 사마리아인(눅10:30-37)

잃은 양(마18:12-14, 눅15:3-7)

잃어버린 드라크마(눅15:8-10)

탕자(눅15:11-32)

빚진 두 사람(눅7:41-43)

열 처녀 비유(마25:1-13)

지혜로운 종들과 악한 종들(마24:45-51, 눅12:42-48)

깨어있는 문지기(막13:34-37)

두아들 비유(마21:28-32)

악한 농부(마21:33-46 막12:1-12, 눅20:9-18)

무화과 나무 저주(눅13:6-9)

혼인잔치 비유(마22:1-14)

비정한 종의 비유(마18:23-35)

집주인(마13:52)

약삭빠른 청지기(눅16:1-10)

부자와 나사로(눅 16:19-31)

1) 내가 생각하기에 하나님을 '마음을 다하고 목숨을 다하고 뜻을 다하여' 사랑하는 것은 어떻게 사랑하라는 것일까요? 나는 그렇게 하나님을 사랑할 수 있나요?

   **가이드 |** 사람에 따라 마음을 다하고 목숨을 다하고 뜻을 다하여 사랑한다는 의미와 그 기준은 모두 다를 것입니다. 친구들의 다양한 의견을 들어보시고 옳고 그름을 얘기하기보다 함께 공감해주시길 바랍니다. 또한 하나님을 그렇게 사랑할 수 있도록 함께 기도해주세요.

2) 아래의 보기는 이웃을 사랑하는 방법입니다. 보기에서 2가지를 골라 실천해보고 단체 채팅방에 느낀 점과 함께 사진을 올려봅시다.

   **가이드 |** 보기: 먼저 인사하기, 함께 식사하기, 대신 청소해주기, 함께 영화보기, 대화하기, 맛있는 음식 나눠보기, 칭찬하기 등
   - 사진을 찍기 위해 실천하기보다 실천하는 것에 집중하도록 도와주시고 사진찍는 것이 어렵다면 채팅방에 느낀 점만 공유하도록 하여 함께 피드백을 나누고 격려하는 시간을 꼭 가져주세요.

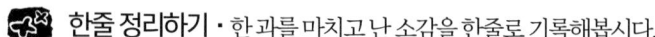 **한줄 정리하기** · 한 과를 마치고 난 소감을 한줄로 기록해봅시다.

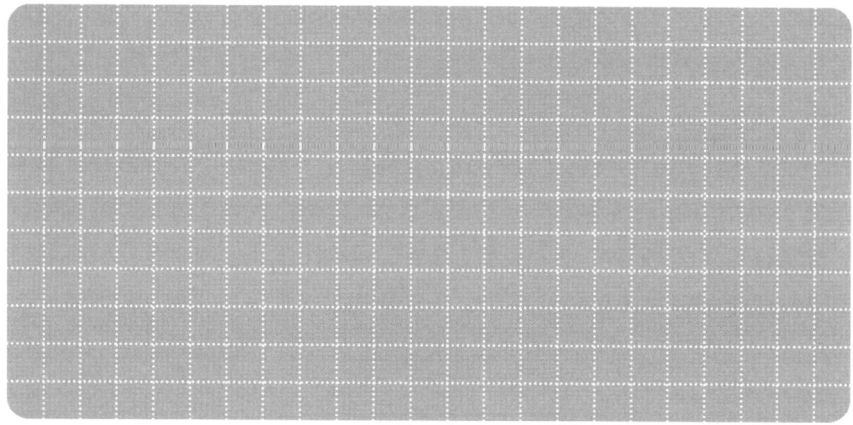

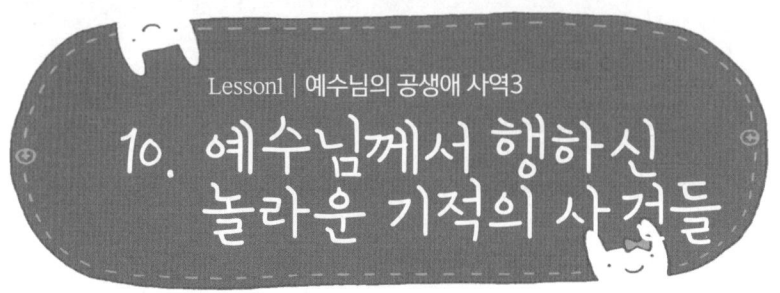

Lesson1 | 예수님의 공생애 사역3

# 10. 예수님께서 행하신 놀라운 기적의 사건들

**[공과 목표]**
1. 예수님께서 행하신 기적의 사건들을 살펴보고 능력의 예수님에 대한 믿음을 갖도록 돕는다.
2. 예수님의 첫번째 기적의 사건을 배우고 이해하도록 돕는다.

**[질문]** 내가 알고 있는 것 중 가장 놀랍고 신기했던 일은 무엇인가요?

**설명 |** 세상을 살다보면 가끔 우리의 생각으로 이해할 수 없고 과학적으로도 설명하기 어려운 놀랍고 신기한 일을 경험할 때가 있습니다. 직접 경험했을 수도 있고 다른 사람에게 듣거나 간접적으로 보았을 수도 있지요. 놀라운 기준은 모두 다를 수 있으니 아이들이 생각하고 나누는 이야기를 잘 들어주시고 긍정적인 반응을 해주시길 바랍니다.

예수님께서도 이 땅에 계신 동안에 많은 기적을 나타내셨습니다. 아픈 자를 고치시고 물이 변하여 포도주가 되게 하셨지요. 오늘 공과를 통해 예수님이 베푸신 기적에 대해 함께 배우며 예수님께서 기적을 베푸신 이유와 예수님은 어떤 분이신지에 대해 깨닫고 배우는 시간이 되길 바랍니다.

아래의 말씀을 깊이 묵상하고 질문에 답을 해봅시다.

[마태복음4:23-25]
23 예수께서 온 갈릴리에 두루 다니사 그들의 회당에서 가르치시며 천국 복음을 전파하시며 백성 중의 모든 병과 모든 약한 것을 고치시니 24 그의 소문이 온 수리아에 퍼진지라 사람들이 모든 앓는 자 곧 각종 병에 걸려서 고통 당하는 자, 귀신 들린 자, 간질하는 자, 중풍병자들을 데려오니 그들을 고치시더라 25 갈릴리와 데가볼리와 예루살렘과 유대와 요단 강 건너편에서 수많은 무리가 따르니라

1. 예수님은 공생애 사역을 어떻게 행하셨습니까?

   정답: 회당에서 가르치시고, 천국복음을 전파하며 백성 중의 모든 병과 모든 약한 것을 고치셨다.

2. 예수님께서 행하신 사건은 무엇이 있는지 아래의 빈칸에 답을 채워 봅시다.

   1) 물고기 (두) 마리와 보리떡 (다섯) 개로 오천 명을 먹이신 사건
      (마14:15-21, 막6:35-44, 눅9:12-17, 요6:5-15)

   2) (폭풍)을 잔잔케 하심 (마8:23-27, 막4:35-41, 눅 8:22-25)

   3) 죽었던 (나사로)를 살리신 사건 (요11:1-45)

   4) (귀신들린 자)를 고치심 (마8:28-34, 막5:1-20, 눅8:26-39)

   5) 소경 (바디매오)를 고치심 (막20:29-34, 막10:46-52, 눅18:35-43)

[알고 넘어가기]
# 물이 포도주로 변한 기적의 사건

아래의 요한복음 2장 1~10절 말씀을 읽고 질문에 답을 해봅시다.

1 사흘째 되던 날 갈릴리 가나에 혼례가 있어 예수의 어머니도 거기 계시고 2 예수와 그 제자들도 혼례에 청함을 받았더니 3 포도주가 떨어진지라 예수의 어머니가 예수에게 이르되 저들에게 포도주가 없다 하니 4 예수께서 이르시되 여자여 나와 무슨 상관이 있나이까 내 때가 아직 이르지 아니하였나이다 5 그의 어머니가 하인들에게 이르되 너희에게 무슨 말씀을 하시든지 그대로 하라 하니라 6 거기에 유대인의 정결 예식을 따라 두세 통 드는 돌항아리 여섯이 놓였는지라 7 예수께서 그들에게 이르시되 항아리에 물을 채우라 하신즉 아귀까지 채우니 8 이제는 떠서 연회장에게 갖다 주라 하시매 갖다 주었더니 9 연회장은 물로 된 포도주를 맛보고도 어디서 났는지 알지 못하되 물 떠온 하인들은 알더라 연회장이 신랑을 불러 10 말하되 사람마다 먼저 좋은 포도주를 내고 취한 후에 낮은 것을 내거늘 그대는 지금까지 좋은 포도주를 두었도다 하니라 11 예수께서 이 첫 표적을 갈릴리 가나에서 행하여 그의 영광을 나타내시매 제자들이 그를 믿으니라(요2:1-10)

1. 물로 포도주를 만든 기적을 행한 곳은 어디입니까?

   정답: 갈릴리 가나

2. 그런 기적으로 인해 제자들은 예수님에 대해 어떤 마음을 갖게 되었습니까?

   정답: 믿게 되었다

3. 어머니 마리아가 예수님께 한 말과 예수님께서 하인들에게 하신 말씀은 무엇입니까?

   정답: 예수님께 포도주가 떨어졌음을 말함. 하인들에게:말씀에 순종하라

4. 예수님이 당신의 때가 아니라고 말씀하시면서도 기적을 행하신 이유는 무엇입니까? 각자의 생각을 이야기 해봅시다.


**티칭포인트 | 요한복음에 나타난 7가지 표적의 사건들**

2장 11절 말씀에 '예수께서 이 첫 표적을 갈릴리 가나에서 행하여 그의 영광을 나타내시매 제자들이 그를 믿으니라'고 기록하고 있습니다.
요한은 여기서 '표적'이라 표현하고 있는데, 표적(세메이온)은 공관복음에서 보편적으로 쓰이는 이적(두나미스)와 그 의미가 좀 다릅니다. 이적(두나미스)은 능력을 행함(act of power)를 의미합니다.
반면, 표적(세메이온)은 하나님의 영광과 신성을 증거하는 하나님의 계시가 구체화된 행위를 의미하는 것입니다. 한 마디로 요한복음에서 쓰인 표적의 사건들은 예수님께서 하나님이시라는 신적 증거를 나타내기 위해 쓰였다는 것입니다.

요한복음에서는 이 표적의 사건들을 7가지 정도 소개하고 있습니다.
2장에 기록된 물로 포도주를 만드신 사건(요2:1~11), 요한복음 4장에 왕의 신하의 아들을 고쳐주신 사건(요4:46~54), 5장에 베데스다 연못가의 38년된 병자를 고쳐주신 사건(요5:1-16), 9장에 눈먼 자의 눈을 뜨게 하신 사건(9:1-7) 등은 예수님께서 인간의 근원적인 질병의 문제를 해결해주시고 약한 자와 소외된 자, 질병으로 힘들어하는 자들에게 소망의 주님이심을 확인시켜 주시는 표적이었습니다.
또한 6장에 기록된 물고기 두 마리와 보리떡 다섯 개로 오천명을 먹이신 사건(요6:1-13)은 예수님만이 인간의 필요를 채워주시고 먹이고 입히시는 근원자되심을 보여주신 사건이있습니다.
6장에 물 위로 걸어오신 사건(6:16-21)과 11장에 죽었던 나사로를 살리신 사건(11:1-44)은 예수님이 모든 우주 만물과 자연까지도 변화시키실 능력이 있는 분이라는 사실을 보여주고 있고 인간의 생명까지도 주관하시는 하나님이라는 사실을 보여주고 있습니다.

다시말해 요한은 놀라운 예수님의 표적들을 표현하는 것이 목적이 아니라 그런 표적의 사건을 통해 '예수님이 하나님의 아들 그리스도이시다' 라는 사실에 마침표를 찍고 있다는 것입니다. 그래서 이런 표적의 사건 뒤에는 대부분 예수님의 신적 능력의 강화로 이어지고 있습니다.

예를 들어 요한복음 5장 1~18절에 베데스다 연못에서 38년 된 중풍병자를 치료해 주시는 사건이 기록되어 있는데 그 사건이 기록된 후에는 예수님의 권능과 영적 권한에 관련된 내용들을 기술하고 있습니다.

5장 19절에 "..아버지께서 행하시는 그것을 아들도 그와 같이 행하느니라"
21절에 "아버지께서 죽은 자들을 일으켜 살리심 같이 아들도 자기가 원하는 자들을 살리느니라"
22절 말씀에 "아버지께서 아무도 심판하지 아니하시고 심판을 다 아들에게 맡기셨으니..."
하나님만이 하실 수 있는 일들이 동등하게 아들에게도 주어졌음을 확증시켜주고 있는 것입니다.

**[복음서에 기록된 예수님이 자연에 행하신 이적들]**

물로 포도주를 만드심(요2:1-11)
오천명을 먹이심(마14:15-21, 막6:35-44, 눅9:12-17, 요6:5-15)
폭풍을 잔잔케 하심(마8:23-27, 막4:35-41, 눅 8:22-25)
바다 위를 걸으심(마14:22-33, 막6:45-52, 요6:16-21)
물고기의 입에서 세금 낼 동전을 얻게 하심(마17:24-27)
사천 명을 먹이심(마15:32-39, 막8:1-9)
무화과 나무가 마름(마21:17-22, 막11:12-14, 20-25)
첫 번째 이적인 물고기 포획(눅5:1-11)
두 번째 이적인 물고기 포획(요21:1-14)


**[복음서에 기록된 병 고치신 이적들]**

가나에서 왕의 신하의 아들을 고치심(요4:46-54)
벳세다에서 소경이 눈을 뜸(막8:22-26)
나면서부터 소경된 자를 고치심(요9:1-41)
나사로를 살리심(요11:1-45)
귀신들린 자를 고치심(마8:28-34, 막5:1-20, 눅8:26-39)
야이로의 딸을 살리심(마9:18-26, 막5:22-24, 35-43, 눅8:41-42;49-56)
38년 된 병자를 고치심(요5:1-18)
열두 해된 혈루증 걸린 여인을 고치심(마9:20-22, 막5:25-34, 눅8:43-48)
가버나움에서 중풍병자를 고치심(마9:1-8, 막2:1-12, 눅5:17-26)
게네사렛 가까운 곳에서 문둥병자를 고치심(마8:1-4, 막1:40-45, 눅5:12-15)
베드로의 장모를 고치심(마8:14-17, 막1:29-31, 눅4:38-39)
손 마른 자를 고치심(마12:9-14, 막3:1-6, 눅6:6-11)
귀신들려 간질하는 아이 고치심(마17:14-20, 막9:14-29, 눅9:37-43)
귀신들려 눈 멀고 벙어리된 자를 고치심(마9:27-31, 눅11:14)
두 소경을 고치심(마9:27-31)

귀신들려 벙어리된 자를 고치심(마9:32-34)

귀 먹고 어눌한 자를 고치심(막7:31-37)

소경 바디매오를 고치심(막20:29-34, 막10:46-52, 눅18:35-43)

수로보니게 여인의 딸을 고치심(마15:21-28, 막7:24-30)

백부장의 하인을 고치심(마8:5-13, 눅7:1-10)

회당에서 귀신들린 자를 고치심(마1:23-27, 눅4:33-36)

나인성 과부의 아들을 살리심(눅7:11-16)

18년 동안 귀신들린 여인을 고치심(눅13:10-17)

고창병 든 남자를 고치심(눅14:1-6)

10명의 문둥병자를 고치심(눅17:11-19)

말고의 귀를 고치심(눅22:49-51, 요18:10-11)

1) 성경에 나타난 예수님이 행하신 기적을 보면서 들었던 생각에 대해 함께 나눠봅시다.

   **가이드 |** 오늘 배운 공과를 통해 예수님이 행하신 기적들을 살펴보면 참 놀랍고 신기합니다. 그리고 어떻게 그런 일이 일어날 수 있는지 궁금하기도 하지요. 아이들과 충분한 나눔의 시간을 가지시고 그 후에는 신기한 기적 자체에 우리의 시선이 머무는 것이 아니라 그 기적을 일으키신 예수님의 능력과 그 기적을 통해 말씀하시고자 하셨던 것들을 함께 묵상하고 생각하도록 인도해주시길 바랍니다.

2) 내 삶에 일어난 기적은 무엇이 있는지 묵상하고 돌아보는 시간을 가집시다.

   **가이드 |** 우리 삶에 일어난 기적은 번쩍번쩍 무엇이 변하고 신기한 일이 일어나고 하는 것처럼 대단한 것이 아닐 수도 있습니다. 그러나 우리가 예수님을 믿게 된 것, 사랑하는 우리 교회를 다닐 수 있는 것, 사랑하는 부모님과 친구들이 곁에 있는 것 등 우리에게 당연한 것 같은 일들이 사실 돌아보면 우리에게 기적이고 감사의 제목이 될 것입니다.

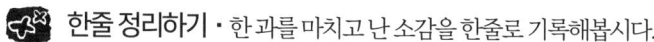 **한줄 정리하기 ·** 한 과를 마치고 난 소감을 한줄로 기록해봅시다.

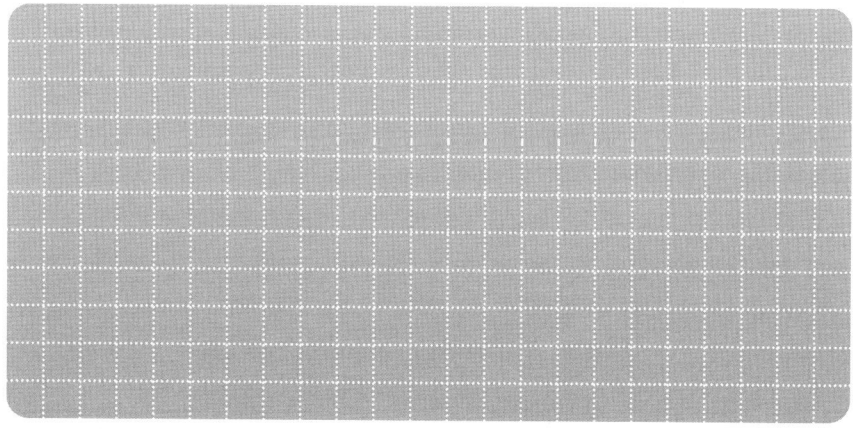

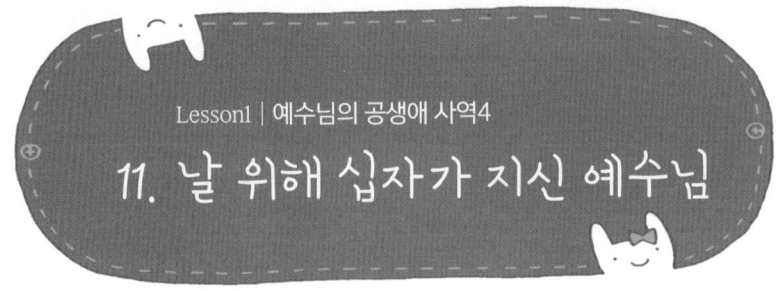

## Lesson1 | 예수님의 공생애 사역4
## 11. 날 위해 십자가 지신 예수님

**[공과 목표]**
1. 예수님께서 십자가를 지신 이유를 이해하고 그 과정을 배우도록 돕는다.
2. 십자가상의 7언을 배우고 마지막 인류구원의 성취를 배우도록 돕는다.

[질문] 예수님의 십자가를 바라볼 때, 어떤 생각이 드나요? 그 이유는 무엇인가요?

**설명 |** 우리가 예수님을 믿고 교회에 다니며 가장 많이 보고 듣고 접하게 되는 것은 어쩌면 십자가일지 모릅니다. 요즘에는 십자가 모양이 여러 가지 소품이나 악세서리로 만들어져서 더 익숙하고 친숙하게 느껴질 수도 있지요.

십자가는 죄가 없으신 하나님의 아들 예수님께서 나의 죄를 위하여 대신 죽으신 사형 도구입니다. 십자가라는 사형 도구 그 자체는 우리에겐 아무런 의미가 없습니다. 또한 그 십자가에서 무슨 하나님의 능력이 나타난다 믿으면 우상이 될 수 있습니다. 중요한 것은 예수님께서 달리신 그 십자가라는 것입니다.

예수님이 달리신 그 십자가는 우리를 향한 예수님의 대속과 구원의 상징인 것이지요. 죄인인 우리가 하나님의 은혜로 의인이라 칭함받을 수 있는 것은 바로 예수님의 십자가 사랑 때문입니다.

친구들 각자가 십자가를 볼 때 느껴지는 기분이나 생각에 대해 들어보시고 십자가의 의미와 예수 그리스도의 놀라운 사랑에 대해 꼭 설명해주시길 바랍니다.

아래의 말씀을 깊이 묵상하고 질문에 답을 해봅시다.

1. 이사야 선지자는 장차 세상에 오셔서 고난당할 메시야를 상세히 묘사하고 있습니다. 이사야가 기록한 그 메시야는 누구를 가리킵니까?

   그가 찔림은 우리의 허물 때문이요 그가 상함은 우리의 죄악 때문이라 그가 징계를 받음으로 우리는 평화를 누리고 그가 채찍에 맞음으로 우리는 나음을 받았도다 우리는 다 양같아서 그릇 행하여 각기 제 길로 갔거늘 여호와께서는 우리 모두의 죄악을 그에게 담당시키셨도다(사52:4~6)

   정답: 예수 그리스도

2. 사람들은 왜 예수님을 십자가에 처형하기를 원했나요?(눅22:66-23:5)

   예수님이 하나님의 (아들)이라 하여 신성모독했고 또한 자칭 왕이며 (그리스도)라 했고, 갈릴리와 온 유대의 백성들을 (소동)케 했다 하여 십자가 처형을 원했다.

3. 빌립보서 2장 5~11절 말씀을 찾아 아래의 괄호에 말씀을 채워봅시다.

   5 너희 안에 이 마음을 품으라 곧 (그리스도) 예수의 마음이니
   6 그는 근본 하나님의 (본체)시나 하나님과 동등됨을 취할 것으로 여기지 아니하시고
   7 오히려 자기를 비워 (종)의 형체를 가지사 사람들과 같이 되셨고

8 (사람)의 모양으로 나타나사 자기를 낮추시고 죽기까지 (복종)하셨으니 곧 (십자가)에 죽으심이라
9 이러므로 하나님이 그를 지극히 높여 모든 이름 위에 뛰어난 (이름)을 주사
10 하늘에 있는 자들과 땅에 있는 자들과 땅 아래에 있는 자들로 모든 무릎을 (예수)의 이름에 꿇게 하시고
11 모든 입으로 예수 그리스도를 (주)라 시인하여 하나님 아버지께 (영광)을 돌리게 하셨느니라

4. 예수님께서 십자가에 달리신 과정을 순서대로 기록해봅시다.

[알고 넘어가기]

## 십자가 상의 7언 살펴보기

1. 예수님께서 십자가 상에서 운명하시기 전까지 하신 7가지 말씀(가상칠언)을 성경에서 찾아 기록해 봅시다.

| 예수님께서 하신 말씀 | 관련 성경말씀 |
|---|---|
| 저들을 사하여 주옵소서<br>자기들이 하는 것을 알지 못함이니이다. | 누가복음 23장 34절 |
| 내가 진실로 네게 이르노니 오늘 네가<br>나와 함께 낙원에 있으리라 | 누가복음 23장 43절 |
| 여자여 보소서 아들이니이다<br>네 어미라 | 요한복음 19:26~27 |
| 엘리엘리 라마 사박다니<br>나의 하나님 나의하나님<br>어찌하여 나를 버리셨나이까 | 마가복음 15:34 |
| 내가 내가 목마르다 | 요한복음 19장 28절 |
| 다 이루었다 | 요한복음 19장 30절 |
| 아버지 내 영혼을<br>아버지 손에 부탁하나이다 | 누가복음 23장 46절 |

## 티칭포인트 | 예수님의 십자가 사건의 의미

예수님의 십자가 사건은 크게 세 가지 의미로 나눠볼 수 있습니다.
첫째, 대속(Atonement)의 의미입니다.
예수님은 구약의 희생양이 되셔서 우리의 죄를 대신하는 속죄물이 되셨습니다. 하지만 매번 반복적인 희생 제사가 아닌 단번에 완전한 속죄를 이루셨습니다. 예수님은 우리가 받아야 할 죄의 형벌을 대신 받으신 것입니다. 이로인해 우리는 하나님께 나아갈 길을 얻게 되었습니다.

우리가 알거니와 우리의 옛 사람이 예수와 함께 십자가에 못 박힌 것은 죄의 몸이 죽어 다시는 우리가 죄에게 종 노릇 하지 아니하려 함이니 이는 죽은 자가 죄에서 벗어나 의롭다 하심을 얻었음이라(롬6:6~7)

둘째, 하나님과 화목(Reconciliation)함의 의미가 있습니다.
인간이 죄를 범하였으므로 하나님과 원수가 되었고 예수님의 대속으로 화목하게 되었으며(롬 3:25) 그로인해 우리는 하나님의 자녀(양자)의 자격을 얻게 되었습니다.(롬 8:15)

그의 십자가의 피로 화평을 이루사 만물 곧 땅에 있는 것들이나 하늘에 있는 것들이 그로 말미암아 자기와 화목하게 되기를 기뻐하심이라(골1:20)

또 십자가로 이 둘을 한 몸으로 하나님과 화목하게 하려 하심이라 원수 된 것을 십자가로 소멸하시고(엡2:16)

셋째, 의인(Justification)됨의 의미가 있습니다.
예수님의 십자가에서 죽으심으로 우리는 구속받아 죄에서 자유로워졌습니다. 이런 하나님의 은혜로 우리는 비록 의인이라 할 수 없지만, 하나님께서는 의인으로 봐주시겠다는 인정을 받게 되었습니다. 그것은 죄에 대한 완전한 해결의 길이 예수 그리스도의 십자가의 보혈의 공로로 가능케 되었습니다.

모든 사람이 죄를 범하였으매 하나님의 영광에 이르지 못하더니 그리스도 예수 안에 있는 속량으로 말미암아 하나님의 은혜로 값 없이 의롭다 하심을 얻은 자 되었느니라(롬3:23~24)

티칭포인트 |

금요일   베다니에 오심 (눅 11:55-12:1; 요 12:1)

토요일   나병환자 시몬의 집에서 발에 기름 부음을 받으심
         (마 26:6-13; 막 14:3-9; 요 12:2-8)

주일     예루살렘 입성 (마 21:1-9; 막 11:1-10; 눅 19:29-44; 요 12:12-19)

월요일   성전을 정결케 하심, 무화과나무 저주 사건
         (마 21:12-13; 막 11:15-19; 눅 19:45-48, 마 21:19-22; 막 11:20-26)

화요일   각종 비유를 가르치고, 논쟁하심, 가룟 유다의 변심
         (마 21-25장; 막 12-14장; 눅 20-22, 마 26:14-16; 막 14:10-11; 눅 22:3-6)

수요일   (기사 없음)

목요일   최후의 만찬, 겟세마네 기도
         (마 26:20; 막 14:17; 눅 22:14-18; 요 13:1, 마 26:36-46; 막 14:32-43; 눅 22:40-46; 요 18:1)

금요일   체포되어 대제사장과 로마 총독, 앞에서 심문받으심, 골고다 십자가에서
         죽으심, 무덤에 장사되심
         (마 26:47-27:30; 막 14:32-15:19; 눅 22:47-23:25; 요 18:2-19:16, 마 27:31-56; 막 15:20-41; 눅 23:26-49; 요 19:17-37, 마 27:57-61; 막 15:42-47; 눅 23:50-56; 요 19:38-42)

토요일   무덤에 머물러 계심

주 일    사망 권세를 깨뜨리고 부활하심 (마 28:1-13; 막 16:1-20; 눅 24:1-49; 요 20:1-31)

1) 예수님의 십자가의 희생을 통해 우리가 얻게 된 것은 무엇인가요? 함께 나눠봅시다.

   **가이드 |** 예수님께서 나의 죄를 대신 지시고 십자가에서 죽으심으로 말미암아 죽을 수 밖에 없었던 우리는 죄를 용서받고 새 생명을 얻게 되었으며 또한 죄인인 우리가 의인이라 칭함받을 수 있게 되었습니다.

2) 영화 <MOST>를 보고 느낀 점을 적어봅시다.

   **가이드 |** 유튜브에 체코의 단편 영화 <MOST>를 검색하시면 영상이 나올 것입니다. 아이들에게 영상을 볼 수 있는 방법을 설명해주신 후 각자 영화를 보고 난 후 느낀 점을 적어보도록 인도해 주세요.

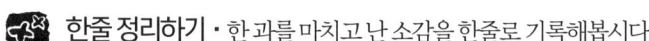

한줄 정리하기 · 한 과를 마치고 난 소감을 한줄로 기록해봅시다.

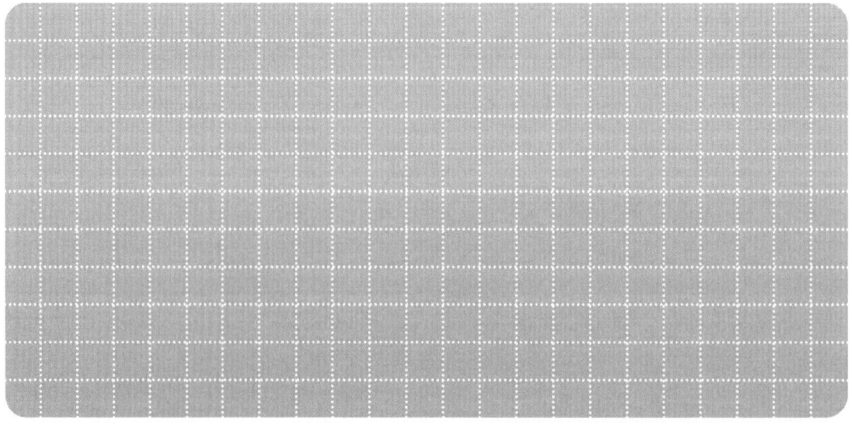

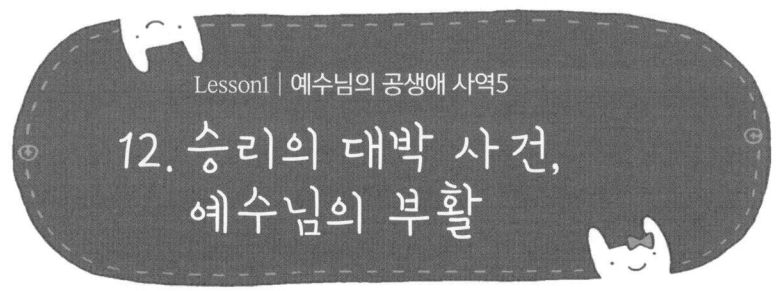

# Lesson1 | 예수님의 공생애 사역5
## 12. 승리의 대박 사건, 예수님의 부활

**[공과 목표]**
1. 예수님께서 부활하신 의미와 우리에게 주는 유익에 대해 이해하도록 돕는다.
2. 제자들에게 주신 마지막 사명이 무엇인지 배우도록 한다.

**[질문]** 복음을 전할 때, 가장 효과적으로 전할 수 있는 나만의 방법이 있나요? 있다면 무엇인가요?

**설명 |** 예수님께서는 죽으신지 3일 만에 부활하셨습니다. 그리고 하늘로 올라가시기 전에 제자들에게 말씀하신 것이 있습니다. 바로 복음전파입니다. 그렇기 때문에 예수님을 믿는 우리가 해야 할 것은 주님의 복음을 전하는 일입니다.

그런데 요즘 세상 가운데 기독교의 이름이 땅에 떨어져 조롱받고 있는 이 시대에서 복음을 전하기란 쉽지 않은 일입니다. 또한 무작정 소리를 지르며 '예수천당 불신지옥'을 외친다면 오히려 사람들의 제재를 받으며 이상한 사람으로 오해를 받기도 하지요. 그래서 어쩌면 주님을 전하는 일이 쉽지 않을 수 있습니다.

이 시간, 말씀을 듣기 전 효과적으로 복음을 전할 수 있는 방법에 대해 생각해보도록 합시다. 방법은 다양할 수 있습니다. 요즘 시대에 맞춰 SNS를 이용하거나 또 다른 새로운 방법을 이용할 수 있지요. 아이들이 다양한 생각을 나눌 수 있도록 인도해주시면서 말씀이 끝난 후 함께 복음을 전하는 시간을 가지셔도 좋습니다.

1. 부활하신 예수님께서 제일 먼저 나타나셔서 제자들에게 하신 말씀은 무엇인가요?(요 20:19-23)

   정답: 성령을 받으라

2. 예수님의 부활을 믿지 못하던 도마에게 예수님은 무어라 말씀하셨나요?(요 20:24-29)

   정답: 네 손가락을 이리 내밀어 내 손을 보고 네 손을 내밀어 내 옆구리에 넣어 보라 그리하여 믿음없는 자가 되지 말고 믿는자가 되라.

3. 이에 도마는 예수님께 어떻게 고백합니까?(28절)

   정답: 나의 주님이시오 나의 하나님이시다.

4. 예수님은 베드로에게 어떤 사명을 주셨습니까?(요 21:15~17) 또한 요한복음 21장 19절 말씀을 통해 볼 때 베드로가 마지막에 어떤 결과로 하나님께 영광 올려드릴 것이라 말씀하고 있습니까?

   정답: 내 양을 먹이고 내양을 치라(복음전파의 사명), 순교

[알고 넘어가기]

## 예수님 부활의 의미

아래의 고린도전서 15장 12-20절 말씀을 읽고 질문에 답을 해봅시다.

1. 아래의 성경구절에서 공통적인 단어를 찾아 기록해봅시다.

    1) 내가 받은 것을 먼저 너희에게 전하였노니 이는 (성경)대로 그리스도께서 우리 죄를 위해 죽으시고 장사 지낸 바 되셨다가 (성경)대로 사흘만에 다시 살아나사(고전15:3-4)

    정답: 성경

    2) 바울은 만약 그리스도께서 부활하시지 못하셨다면 사도들이 전파하는 복음도 (헛것)이고, 우리의 믿음도 (헛것)이요 다 거짓 증인들이 될 수 밖에 없다고 말했다.(14~15절)

    정답: 헛것

2. 아래의 성경구절을 직접 써봅시다.(20절)

그러나 이제 그리스도께서 죽은 자 가운데서 다시 살아나사 잠자는 자들의 첫 열매가 되셨도다

[알고 넘어가기]

# 부활 후 제자들에게 주신 사명

아래의 마태복음 28장 18-20절 말씀과 마가복음 16장 15~20절 말씀을 읽고 질문에 답을 해봅시다.

[18] 예수께서 나아와 말씀하여 이르시되 하늘과 땅의 모든 권세를 내게 주셨으니 [19] 그러므로 너희는 가서 모든 민족을 제자로 삼아 아버지와 아들과 성령의 이름으로 세례를 베풀고 [20] 내가 너희에게 분부한 모든 것을 가르쳐 지키게 하라 볼지어다 내가 세상 끝날까지 너희와 항상 함께 있으리라 하시니라(마28:18-20)

[15] 또 이르시되 너희는 온 천하에 다니며 만민에게 복음을 전파하라 [16] 믿고 세례를 받는 사람은 구원을 얻을 것이요 믿지 않는 사람은 정죄를 받으리라 [17] 믿는 자들에게는 이런 표적이 따르리니 곧 그들이 내 이름으로 귀신을 쫓아내며 새 방언을 말하며 [18] 뱀을 집어올리며 무슨 독을 마실지라도 해를 받지 아니하며 병든 사람에게 손을 얹은즉 나으리라 하시더라 [19] 주 예수께서 말씀을 마치신 후에 하늘로 올려지사 하나님 우편에 앉으시니라 [20] 제자들이 나가 두루 전파할새 주께서 함께 역사하사 그 따르는 표적으로 말씀을 확실히 증언하시니라(막16:15~20)

1. 제자들이 행할 사명은 무엇인지 모두 기록해봅시다.

    1) 아버지와 아들과 성령의 이름으로 세례를 베풀고
    2) 분부한 모든 것을 가르치고 지키게 하라
    3) 만민에게 복음을 전파하라

2. 예수님을 믿는 자에겐 어떤 표적이 따른다고 기록하고 있습니까? 다섯 가지를 찾아 기록해봅시다.

    1) 예수님 이름으로 귀신을 쫓아내고
    2) 새 방언을 말하며
    3) 뱀을 집어올리며
    4) 무슨 독을 마실지라도 해를 받지 아니하며
    5) 병든 사람에게 손을 얹은즉 나으리라 하시더라

**티칭포인트 | 부활과 마지막 소명**

기독교는 부활의 종교입니다(행 2:23-24; 10:39-41; 롬 1:4). 예수님은 구속사역의 완성을 이루셨고, 그로 인한 결과로 부활의 열매를 맺게 되었습니다.
바울은 부활이 없으면 모든 것이 헛 것이요, 헛 믿음이라 말할 정도로 부활은 이만큼 중요한 요소입니다. 예수님의 부활은 우리를 사망에서 건져 생명으로 옮기실 수 있음을 보여준 사건입니다(요 11:25-26).
또한 이 부활이라는 말은 신약성경에서 무려 104회나 언급되고 있습니다. 그리스도의 부활은 참 인간으로 이 땅에 오셨음을 확인시켜 주는 동시에 사망에 매여 있을 수 없는 참 하나님이심을 보여주는 사건이기도 합니다(롬 1:3-4; 계 1:18).

> 그의 아들에 관하여 말하면 육신으로는 다윗의 혈통에서 나셨고 성결의 영으로는 죽은 자들 가운데서 부활하사 능력으로 하나님의 아들로 선포되셨으니 곧 우리 주 예수 그리스도시니라(롬1:3-4)

그리스도의 부활은 시편에 예언되었고(시 16:10-11; 행 13:34-35), 사도들에 의해 전파된 것이자(행 2:32; 3:15), 서신들의 핵심을 이루는 내용입니다(롬 10:9; 고전 15:4; 벧전 1:3). 그리고 그리스도이신 예수님께서 당신께서 직접 약속하신 말씀을 이루신 사건이고(요 6:39-40), 그분이 친히 그리고 미리 알리신 메시지입니다(마 16:21; 17:23; 20:19; 27:63; 막 9:9-10; 요 2:19-22).
예수 그리스도께서는 '나는 부활이요 생명이니 나를 믿는 자는 죽어도 살겠고 무릇 살아서 나를 믿는 자는 영원히 죽지 아니하리니'(요 11:25-26)라고 말씀하셨습니다.
부활은 또한 단순히 예수님의 제자들과 몇몇 사람들만 목격한 것이 아니라 당시 수많은 사람들에게 보이셨습니다. 그래서 오순절 성령강림 사건 이후 사도들이 복음을 전할 때, 이들은 본인들이 직접 목격한 부활하신 예수님을 증거하는 자로 부활의 증인들이라 불리기도 합니다.

성경에 기록된 부활의 목격자들을 간략히 살펴보면 막달라 마리아(막 16:9; 요 20:18), 여인들(마 28:9; 눅 24:10), 베드로(눅 24:34; 고전 15:5), 엠마오로 가는 두 제자(눅 24:13-15), 도마 이외의 열 사도들(눅 24:33-43; 요 20:20-24), 열한 사도들(마 28:16-17; 눅 24:50-51; 요

20:26), 일곱 사도들(요 21:1-2), 오백여 형제들(고전 15:4, 6), 야고보(고전 15:7), 다메섹 도상과 예루살렘 성전에서의 바울(행 9:3-6; 22:17-19; 23:11; 고전 15:8), 스데반 집사(행 7:55), 밧모 섬에 유배되었던 사도 요한(계 1:9-10) 등 헤아릴 수 없이 많은 자들에게 증거가 되셨습니다.

중요한 것은 예수님은 부활 후 하늘로 승천하시기 전까지 40일간 부활하신 육신을 입으신 상태에서 제자들에게 마지막 소명을 주셨고 함께하셨습니다.
그래서 성경에 기록된 자들 이외에 무수한 사람들이 예수님을 직.간접적으로 목격하였을 것이고, 이런 일들이 예루살렘과 온 유대에 큰 파란을 일으켰을 것입니다.

예수님은 이후 40일간 제자들에게 마지막 소명을 주시고 많은 사람들이 보는 가운데 하늘로 승천하십니다. 제자들에게는 모든 민족들을 제자 삼고 땅끝까지 복음의 증인이 될 사명을 주셨습니다.

1) 예수님의 부활이 나의 삶에 미치는 영향이 있나요? 있다면 무엇인지 나눠봅시다.

   **가이드 |** 예수님의 부활이 우리 삶에 미치는 영향이 있다는 것은 중요한 의미인 것 같습니다. 이 말은 예수님의 부활이 각자의 삶과 구별된 별개의 것이 아니라는 것이기 때문입니다. 그 영향은 여러가지가 있겠지만 예수님을 닮아가기 위한 노력들이나 부활의 기쁨을 전하기 위해 애쓰는 것들이 될 수 있습니다. 반대로 예수님의 부활이 삶에 미치는 영향이 없다면 그 이유는 무엇인지 들어보시고 함께 기도해주세요.

2) 한 주간 부활의 기쁨을 각자의 개성에 맞게 표현해봅시다. 노래도 좋고 춤도 좋고 그림도 좋습니다. 그리고 그것을 친구들과 함께 발표해보고 부활하신 예수님을 찬양하는 찬송을 불러 봅시다.

   **가이드 |** 아이들이 부활의 기쁨을 표현하는 방법은 다양할수록 좋습니다. 자신의 개성과 특징에 맞게 자유롭게 표현해보도록 하시고 감사, 찬양하는 시간을 가져보시길 바랍니다.

**한줄 정리하기** · 한 과를 마치고 난 소감을 한줄로 기록해봅시다.

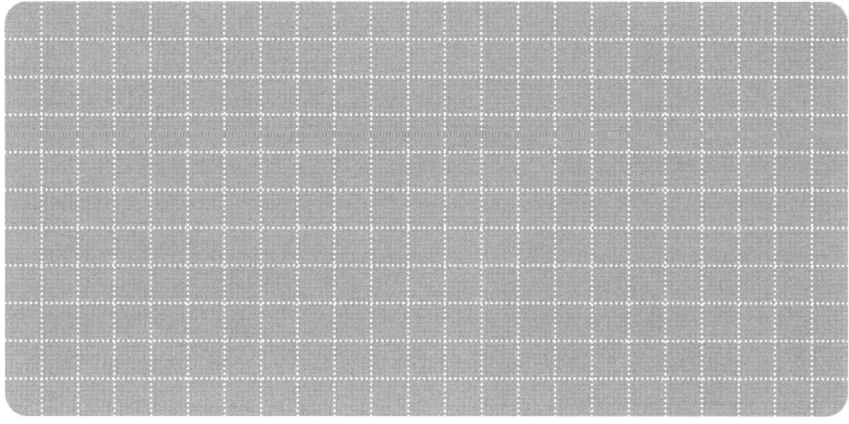

# 구약 연대표

| 연대 | 시대 | 사건들 | 관련성경 |
|---|---|---|---|
| 오래전 | 창조시대 | 천지창조, 아담과 하와 창조, 홍수심판 | 창세기 |
| B.C 2000 | 족장시대<br>아브라함<br>이삭<br>야곱 | 아브라함 부르심, 유대 민족의 조상 세우심.<br>요셉이 애굽의 종으로 팔려감.<br>이후 요셉의 후손들은 애굽의 노예생활함. | 욥기 |
| B.C 1700 | 애굽생활 | 지도자 모세를 세우심 | |
| B.C 1400 | 출애굽 | 10가지 재앙, 모세를 지도자로 출애굽<br>홍해 건너 광야생활, 십계명,<br>금송아지 사건, 성막, 원약궤 | 출애굽기<br>레위기<br>민수기<br>신명기 |
| B.C 1300 | 사사시대 | 여호수아가 지도자로 가나안 입성.<br>12명의 사사 등장 | 여호수아<br>사사기<br>룻기<br>사무엘상<br>사무엘하 |
| B.C 1020 | 통일왕국시대<br>사울<br>다윗<br>솔로몬 | 1대 사울, 2대 다윗, 2대 솔로몬 왕을 세우심.<br>최후의 사사, 최초의 선지자 사무엘 등장.<br>사울이 다윗살해하려 함. 다윗의 두아들이<br>다윗에 반역하여 왕위 찬탈하려함.<br>밧세바 사건, 솔로몬 출생, 예루살렘 성전 건축 | 열왕기상<br>열왕기하<br>역대상<br>역대하 |
| B.C 900 | 분열왕국 | 솔로몬이 죽은 후 북 이스라엘(10지파)와<br>남유다(2지파)로 분열됨 | 이사야<br>예레미야<br>예레미야애가<br>호세아<br>요엘<br>아모스<br>오바댜<br>요나<br>미가<br>나훔<br>하박국<br>스바냐<br>시편<br>잠언<br>전도서<br>아가서 |
| B.C 850 | | 엘리야 선지자가 이스라엘 이끔,<br>제자 엘리야가 계승 | |
| B.C 800 | | 이사야, 요엘 선지자가 남유다위해<br>호세아 아모스선지는 북이스라엘 위해 예언<br>미가선지자는 남북왕국위해, 요나, 나훔 선지자<br>는 니느웨 위해, 오바댜는 에돔을 향헤 예언 | |
| B.C 722 | 북이스라엘 멸망 | 페르시아에 의해 멸망 | |
| B.C 586 | 남유다멸망 | 유대인들 바벨론에 포로로 끌려감.<br>예레미야, 에스겔, 다니엘 선지자 활동 | |
| | 바벨론유수 | | 에스겔<br>다니엘<br>학개<br>스가랴<br>말라기 |
| B.C 500 | 예루살렘<br>귀환 | 에스라 인도로 1차 포로귀환, 성전재건 시작<br>성전재건완성, 고레스왕 페르시아통치, 에스라,<br>느헤미야가 이스라엘 지도, 학개, 스가랴선지자<br>활동 | 에스라<br>느헤미야<br>에스더 |

# 신약 연대표

| 연대 | 시대 | 사건들 | 관련성경 |
|---|---|---|---|
| B.C 400 | 신구약 중간기 | 히브리어로된 구약성경을 헬라어로 옮긴 70인역 성경 번역 | |
| A.D 1~3 | 복음시대 | 성경의 예언대로 메시야로 예수님 탄생하심 | 마태복음<br>마가복음 |
| A.D 30 | | 예수님께서 십자가에 죽으심, 사흘만에 부활, 승천하심, 오순절 성령임재사건 | 누가복음<br>요한복음 |
| A.D 50 | 사도시대<br><br>교회시대 | 백부장 고넬료 회개, 예수님들에게 그리스도인 이라는 이름 붙여짐, 야고보의 순교 | 사도행전 |
| A.D 60 | | 바울과 사도들이 초대교회 서신 보냄. | [바울서신]<br>데살로니가전서<br>데살로니가후서 |
| A.D 65 | | 복음서와 사도행전 기록 | 고린도전서<br>고린도후서<br>로마서 |
| A.D 70 | | 유대민족이 로마에 거함. 로마군의 예루살렘성 함락. 성전파괴, 유대인들 전세계로 흩어짐. | 골로새서<br>갈라디아서<br>빌레몬서 |
| A.D 85 | | 요한복음 기록 | 빌립보서<br>디도서<br>디모데전서<br>에베소서<br>디모데후서 |
| A.D 90 | | 초대교회에서 바울의 편지를 돌려보기 시작함. 사도요한 밧모섬 유배 | [일반서신]<br>야고보서<br>베드로전서 |
| A.D 100 | | 사복음서가 하나로 묶여 그리스도인들 사이에 통용됨 | 베드로후서<br>히브리서 |
| A.D 120 | | 바울서신 13편 하나로 묶여 통용됨. | 유다서<br>요한1 2 3서 |
| A.D 400 | | 27권의 신약성경 권위있는 정경으로 인정됨. | 요한계시록 |

## "청소년 바로세우기 시리즈 커리큘럼"

**1년차 신앙입문** Teen G3 0단계 1~4권 [총 4권, 48주 1년 과정]
1권 믿음생활 시작하기 Start! (믿음의 기초 이해하기)
2권 복음의 기초 다지기 Start! (죄와 구원)
3권 믿음의 습관 길들이기 Start! (다양한 관계 속에서 믿음생활)
4권 성경인물 따라하기 Start! (믿음생활을 배우고 삶 속에 적용하는 과정)

**2년차 상반기과정** Teen G3 1, 2단계 [복음+전도] 1권 전도는 부끄러운 일이 아니야 Start!
Teen G3 3, 4단계 [양육+리더] 2권 나는 내 교회 리더가 될거야 Start!

**2년차 하반기과정** Teen G3 성경·구약1 [천지창조~사사시대]
Teen G3 성경·구약2 [통일왕조~분열왕조]

**3년차 상반기과정** Teen G3 성경·신약1 [복음시대]
Teen G3 성경·신약2 [사도시대] - 곧 출간 됩니다.

### Teen G3 0단계 1권 믿음생활 시작하기

| 단계 | 제목(주제말씀) | 배울내용 | 스토리텔링 | 핵심성경구절 |
|---|---|---|---|---|
| 0단계 1권 | 1. 내가 살아가는 이유? (창1:26~28) | 삶의 목적 | 베드로를 부르시는 예수님 | 고전10:31, 사43:7 |
| | 2. 교회는 왜 다녀야 하나요? (마16:16~18) | 교회 | 베드로의 신앙고백 | 요4:24, 사50:23 |
| | 3. 성경은 어떤 책인가요? (딤3:16~17) | 성경 | 내 양을 먹이라 | 눅24:27, 고후13:3 |
| | 4. 예배는 왜 드려야 하나요? (요4:24) | 예배1 | 아브라함의 순종 | 사57:17, 요4:24, 사50:23 |
| | 5. 예배는 어떻게 드려야 하나요? (롬12:1) | 예배2 | 나아만장군 이야기 | 롬12:1, 신14:15~19 |
| | 6. 안식일이 왜 주일이 되었나요? (눅24:1-3) | 주일의미 | 다니엘의 믿음 | 요20:19, 신15:13~14, 호6:6 |
| | 7. 주일은 하나님께 구별하여 드리는 날이에요(창2:3) | 주일성수 | 엘리야의 기적 | 창2:3, 사58:13 |
| | 8. 하나님은 어떤 분이신가요? (요일4:8) | 하나님 | 말라기 선지자이야기 | 창1:6~7, 출3:14, 시90:2 |
| | 9. 예수님은 누구신가요? (빌2:6~8) | 예수님 | 앉은뱅이를 일으킨 능력 | 요1:1, 요20:31, 눅5:32 |
| | 10. 성령님은 누구신가요? (행1:8) | 성령님1 | 오순절 성령강림사건 | 행1:8, 고전12:11, 요3:5~8 |
| | 11. 성령님은 어떤 일을 하시나요? (요14:26) | 성령님2 | 바울의 동역자들 | 롬8:11, 요16:13, 요3:5 |
| | 12. 우리가 죄인인가요? (요일3:4) | 죄 | 눈물로 회개한 다윗왕 | 신8:1, 신29:9, 롬14:23 |

### Teen G3 0단계 2권 복음의 기초 다지기

| 단계 | 제목(주제말씀) | 배울내용 | 스토리텔링 | 핵심성경구절 |
|---|---|---|---|---|
| 0단계 2권 | 1. 내가 할 수 없는 것 (롬3:23~24) | 인간 | 부활하신 예수님 | 잠27:1, 전3:11, 요14:6 |
| | 2. 원죄란 무엇인가요? (창2:16~17) | 죄문제1 | 요나 이야기 | 롬5:19, 약4:17, 창3:5~6 |
| | 3. 아담의 죄가 왜 우리의 죄가 되었나요? (롬5:12) | 죄문제2 | 노아의 홍수 | 행17:26, 롬5:18~19, 창3:17 |
| | 4. 죄로인해 우리는 어떻게 변질되었나요? (롬) | 죄문제3 | 구원받은 삭개오 | 롬1:21~23, 히9:27, 롬6:23 |
| | 5. 예수님, 회개합니다 (행2:37~38) | 회개 | 위로의 아들 바나바 | 롬5:12, 사1:18, 행2:37 |
| | 6. 예수님을 소개합니다 (마16:16) | 예수님1 | 예수님의 탄생 이야기 | 마16:16, 마1:16, 요20:31 |
| | 7. 예수님은 왜 이 땅에 오셨나요? (요3:16) | 예수님2 | 베드로의 신앙고백 | 눅5:32, 마20:28, 롬10:19 |
| | 8. 예수님의 핵심 다섯가지 (빌2:5~11) | 예수님3 | 제자들의 발을 씻겨주신 예수님 | 마23, 롬8:25~26 행8-9 |
| | 9. 예수님의 능력 (요11:25~26) | 예수님4 | 요한과 야고보 이야기 | 눅8:24, 요11:25~26 |
| | 10. 구원받는 방법 (롬10:9~10) | 구원 | 부자와 나사로 이야기 | 히10:25, 히4:12, 마7:7~8 |
| | 11. 예수 믿게된 것은 대박이다 (행2:42~47) | 거듭남 | 백부장의 믿음 | 요1:12~13, 고후5:17 |
| | 12. 교회에서 신앙생활하는 방법 (엡1:22~23) | 신앙생활 | 바울과 바나바 이야기 | 엡5:29~30, 엡1:23, 행2:42~47 |

## Teen G3 0단계 3권 믿음의 습관 길들이기

| 단계 | 제목(주제말씀) | 배울내용 | 스토리텔링 | 핵심성경구절 |
|---|---|---|---|---|
| 0단계 3권 | 1. 믿음은 행동이야~ (마5:13~16) | 믿음이란 | 바울의 믿음 | 히11:1~2, 롬10:17, 약2:26 |
| | 2. 말씀읽기부터 시작하자 (요20:30~31) | 말씀읽는습관 | 사단의 세가지 시험 | 신17:19, 계1:3, 시1:2~3 |
| | 3. 밥먹을때만 기도하지마 (약1:6~7) | 기도하는습관 | 한나의 기도 | 요일5:14, 시66:18~20, 눅18:11~13 |
| | 4. 전도는 즐거운 일이야~ (마28:18~20) | 전도하는습관 | 사울의 회심 | 딤전12:4, 눅15:7, 마28:18~20, 행1:8 |
| | 5. 입술에 파수꾼을 세우라 (약3:2) | 바른언어사용습관 | 솔로몬의 지혜 | 약3:5~12, 마15:11, 잠18:21 |
| | 6. 말씀따라 행동하자 (골3:23~24) | 말씀따라 행동하는 습관 | 선한 사마리아인 | 신28:1~6, 골3:23~24, 빌3:3~4, 벧전4:10 |
| | 7. 하나님의 영광을 위해하라 (고전10:31) | 하나님 목적위해사는 습관 | 스데반의 순교 | 잠9:10, 고전10:31, 잠3:1~4 |
| | 8. 상대적 빈곤감을 극복하라 (벧전3:3~4) | 비교의식 버리는 습관 | 예수님의 산상설교 | 삼상16:7, 전1:2~3, 눅8:24~27 |
| | 9. 우리는 제품이 아니라 작품이다 (창2:7) | 자존감회복하기 | 점치는 여종을 고쳐준 바울 | 창1:27~28, 사41:10, 시121:1 |
| | 10. 현대의 영적 드라빔, 스마트폰 (창35:1~5) | 스마트폰 길들이기1 | 놋뱀을 바라본 자들 | 창35:1~5, 창31:19 |
| | 11. 스마트폰 중독현상을 극복하라 (엡4:22~24) | 스마트폰 길들이기2 | 발람 선지자 이야기 | 엡4:22~24, 약4:7, 고전6:9~10 |
| | 12. 이단을 경계하라 (갈1:7) | 이단 바로 알고 경계하기 | 루스드라에서의 전도 | 딛3:10, 갈1:7 |

## Teen G3 0단계 4권 성경인물 따라하기

| 단계 | 제목(주제말씀) | 배울내용 | 그것이 알고싶다 |
|---|---|---|---|
| 0단계 4권 | 1. 가인과 아벨의 제사 vs 아나니아와 삽비라 심판 (창4:1~10, 행5:1~11) | 온전한예배, 하나님께 정직함 | 한경직 목사님 이야기1 |
| | 2. 노아의 순종 vs 사도 요한의 인내 (창6:1~8, 계22:18~20) | 순종과 인내 | 한경직 목사님 이야기2 |
| | 3. 욥의 시험 vs 예수님의 시험 (욥1:14, 마4:1~11) | 시험극복의 지혜 | 한경직 목사님 이야기3 |
| | 4. 아브라함의 믿음 vs 백부장의 믿음 (창12:1~4, 눅7:1~11) | 하나님께 맡기는 믿음 | 한경직 목사님 이야기4 |
| | 5. 야곱 vs 수로보니게 여인의 믿음 (창32:22~28, 막7:25~28) | 포기하지 않는 믿음 | 언더우드 선교사 이야기1 |
| | 6. 요셉의 용서 vs 삭개오의 회개 (창45:1~5, 눅19:1~10) | 용서와 회개 | 언더우드 선교사 이야기2 |
| | 7. 모세 vs 야고보와 요한의 어머니 (출4:10~17, 마20:20~28) | 믿음의 리더십 | 언더우드 선교사 이야기3 |
| | 8. 여호수아의 믿음 vs 바울의 믿음 (수1:1~9, 행13:44~52) | 두려움 버리고 말씀의지하기 | 언더우드 선교사 이야기4 |
| | 9. 라합의 믿음 vs 과부의 두렙돈 (수2:1~11, 눅21:1~4) | 믿음과 온전한 정성 | 손양원 목사님 이야기1 |
| | 10. 다윗의 회개 vs 음행한 여인의 용서 (시51:1~12, 요8:1~11) | 회개의 방법 | 손양원 목사님 이야기2 |
| | 11. 엘리야의 믿음 vs 바울과 실라의 믿음 (왕상18:36~40, 행16:25~34) | 믿음은 기적을 일으킨다 | 손양원 목사님 이야기3 |
| | 12. 믿음의 좋은 습관에 길들여지자 (눅22:39~41) | 믿음의 습관 | 손양원 목사님 이야기4 |

## Teen G3 1, 2단계 (복음+전도) 친구야 기쁜소식을 전해줄께

| 단계 | 제목(주제말씀) | 배울내용 | 12제자 살펴보기 | 핵심성경구절 |
|---|---|---|---|---|
| 1·2단계 1권 복음+전도 | 1. 나는 그리스도인인가? (행11:25~26) | 그리스도인 | 사랑의 전달자 안드레 | 마14:17, 롬10:9, 막10:21 |
| | 2. 내게 가장 기쁜소식 (막1:1, 롬1:2) | 복음1 | 관계전도의 대표주자 빌립 | 막1:1, 롬1:2 |
| | 3. 세상에서 가장 큰 능력 (롬1:16~17) | 복음2 | 편견을 벗어버린 나다나엘 | 롬1:14~15, 행20:24 |
| | 4. 드러난 비밀? (롬16:25~26) | 복음3 | 복음을 글로 기록한 마태 | 갈1:11~12, 막2:13~17 |
| | 5. 참된 복음과 거짓 복음 (막16:15~16) | 복음4 | 과격한 혁명가였던 시몬 | 고전9:14~17, 갈1:7~8 |
| | 6. 바리새인과 세리의 기도 (눅18:10~14) | 복음과 율법과 의 관계 | 작지만 작지않은 제자 야고 | 갈3:23~27, 눅18:10~14 |
| | 7. 복음을 전하는 것이 전도다 (요4:28~30) | 전도1 | 사랑스러운 제자 다대오 | 갈1:23~25, 요14:22~23 |
| | 8. 세상에서 가장 중요한 일 (요21:15~18) | 전도2 | 예수님을 배반한 제자 가룟유 | 행8:4, 막28:18~20 |
| | 9. 내 친구를 교회로 데려오자 (요1:45~46) | 전도3 | 예수님의 수제자 베드로 | 요3:16, 눅19:10 |
| | 10. 전도자 빌립의 전도 (행8:26~40) | 전도4 | 첫번째 순교의 열매 야고보 | 마16:17~18, 막10:35~38 |
| | 11. 전도하는 것은 부끄러운 일이 아니야 (롬1:16) | 전도5 | 사랑의 메신저로 변화된 요한 | 엡4:3, 롬1:16, 요4:39 막5:19 |
| | 12. 친구야, 기쁜소식을 전하고 싶어 (롬10:9~10) | 전도6 | 의심 많았던 제자 도마 | 롬10:9~10, 요20:27~29 |

리더과정 2권 (양육+리더) 난 내교회 리더가 될꺼야

| 단계 | 제목(주제말씀) | 배울내용 | 리더의 조건 |
|---|---|---|---|
| 3·4단계 양육+리더 | 1. 믿음으로 자라자 (엡4:14~15) | 양육 | 리더 리더십이란 무엇인가? |
| | 2. 섬기는 자가되라 (요13:4~15) | 섬김 | 예수님처럼 선한 목자가 되라 |
| | 3. 교회는 합력하는 공동체다 (행18:1~5) | 합력 | 그럼에도 불구하고 사랑하라 |
| | 4. 예수님을 본받으라~ (마28:18~20) | 본받기 | 변화받은 예수님의 제자의 삶 살펴보기 |
| | 5. 내 교회를 사랑하자 (마16:13~18) | 교회사랑1 | 초대교회 생활 살펴보기 |
| | 6. 우리 교회 학생회를 사랑하자 (마16:18) | 교회사랑2 | 우리 교회 학생회 살펴보기 |
| | 7. 끊임없이 용서하라 (몬1:1~25) | 용서1 | 시험을 극복하라(예수님의 세가지 시험살펴보기) |
| | 8. 요셉처럼 용서하라 (창45:1~8) | 용서2 | 나를 부인하고 예수님을 따르라 |
| | 9. 여호수아처럼 순종의 사람이되라 (수1:1~9) | 순종 | 새롭게 바뀌어야 한다 |
| | 10. 히스기야 기도를 배우라 (왕하20:1~6) | 기도 | 예수님의 좋은 일꾼이 되라 |
| | 11. 하나님이 주신 은사대로 일하라 (행6:1~4) | 은사 | 빛과 소금의 역할을 감당하라 |
| | 12. 적극적인 소명을 가지라 (수14:6~14) | 소명 | 하나님의 선한 청지기가 되라 |

성경·구약1 (천지창조~사사시대) 구약과 씨름하기1

| 단계 | 제목(주제말씀) | 배울내용 | 배울 내용 |
|---|---|---|---|
| 구약1 | 1. 하나님은 정말 계신가요? | 준비운동1 | 하나님의 계시된 말씀, 성경 |
| | 2. 성경은 우리에게 어떤 유익을 주나? | 준비운동2 | 성경이 주는 유익, 성경의 핵심사항 |
| | 3. 성경 구성 파악하기 | 성경숲보기1 | 성경의 구성을 주제별로 분류 |
| | 4. 시대순으로 성경 살펴보기 | 성경숲보기2 | 성경을 시대순으로 이해하기 |
| | 5. 창세기의 핵심 파악하기 | 구약1 | 천지창조순서와 과정이해 4가지 사건과 4명의 중요인물 이해 |
| | 6. 인간의 타락과 심판 | 구약2 | 인간의 죄와 하나님의 심판 이해하기 |
| | 7. 믿음의 조상 아브라함, 순종의 아들 이삭 | 구약3 | 아브라함과 이삭의 성품 이해하기 |
| | 8. 고난을 이겨낸 승리의 사람, 야곱과 요셉 | 구약4 | 야곱과 요셉의 고난과정을 알고 성품 이해하기 |
| | 9. 출애굽의 리더, 모세 | 구약5 | 모세를 알고 출애굽 사건 이해하기 |
| | 10. 광야생활과 십계명 | 구약6 | 출애굽과정, 십계명 내용 이해하기 |
| | 11. 여호수아처럼 뛰어라 | 구약7 | 여호수아를 알고 가나안 정복과정 이해하기 |
| | 12. 12명의 사사와 룻기서 | 구약8 | 주요사사들 알고 이해하기 |

성경·구약2 (통일왕국시대~포로·귀환시대) 구약과 씨름하기2

| 단계 | 제목(주제말씀) | 배울내용 | 배울 내용 |
|---|---|---|---|
| 구약2 | 1. 킹메이커, '사무엘' | 구약9 | 사사시대와 왕정시대 다리역할을 했던 사무엘 |
| | 2. 하나님보다 왕이 더 필요해? | 구약10 | 이스라엘 초대왕 사울왕에 대해 |
| | 3. 제사보다 순종이 낫다 | 구약11 | 사울왕의 불순종과 타락의 원인 이해하기 |
| | 4. 물맷돌 하나로, 쌈장의 전설 | 구약12 | 다윗왕의 기름부음과 골리앗과 싸움에서 승리 |
| | 5. 간절히 회개한 다윗 | 구약13 | 범죄한 다윗의 간절한 회개로 용서받은 사건을 이해하기 |
| | 6. 하나님께 드린 통큰 제사 일천번제 | 구약14 | 솔로몬의 일천번제와 기도응답 받은 사건 이해하기 |
| | 7. 찬란하고 화려하도다 | 구약15 | 솔로몬시대의 화려한 시대상, 성전건축 이해 |
| | 8. 남유다, 북이스라엘로 나뉘다 | 구약16 | 이스라엘 분열의 원인 이해하기 |
| | 9. 총체적 교만과 불순종의 시대 | 구약17 | 분열왕국의 간략한 역사 이해하기 |
| | 10. 그래도, 하나님은 살아 역사하신다 | 구약18 | 분열왕국의 대선지자 엘리야와 엘리사 알기 |
| | 11. 멸망의 결정적 원인, 불순종 | 구약19 | 포로시대 전반적으로 이해하기 |
| | 12. 다시 희망을 품고 돌아오다 | 구약20 | 귀환시대 전반적으로 이해하기 |

성경 · 신약 (복음시대) 신약과 씨름하기1

| 단계 | 제목(주제말씀) | 배울내용 | 배울 내용 |
|---|---|---|---|
| 신약 1 | 1. 구약의 예언대로 오신 메시야 | 신약1 | 신약의 시작 - 메시야 오심 |
| | 2. 한 예수님을 바라본 4명의 저자들 | 신약2 | 복음서 이해하기 |
| | 3. 예수님의 사역들 | 신약3 | 예수님의 생애 |
| | 4. 마태복음과 마가복음 | 신약4 | 복음서 살피기1 |
| | 5. 누가복음과 요한복음 | 신약5 | 복음서 살피기2 |
| | 6. 예수님 탄생과 유년시절 | 신약6 | 공생애 이전의 예수님1 |
| | 7. 세례 받음과 세가지 사단의 시험 | 신약7 | 공생애 이전의 예수님2 |
| | 8. 제자를 택하신 예수님 | 신약8 | 예수님의 공생애 사역1 |
| | 9. 예수님은 이렇게 가르치셨다 | 신약9 | 예수님의 공생애 사역2 |
| | 10. 예수님께서 행하신 놀라운 기적의 사건들 | 신약10 | 예수님의 공생애 사역3 |
| | 11. 날 위해 십자가 지신 예수님 | 신약11 | 예수님의 공생애 사역4 |
| | 12. 승리의 대박 사건, 예수님의 부활 | 신약12 | 예수님의 공생애 사역5 |

정신일 목사

정신일 목사는 오랫동안 청소년과 청년 사역을 통해 젊은이들과 호흡해 온 목회자이다. 하나님이 주신 아름다운 감성으로 대학시절 집필한 <메시아전쟁>이라는 단편이 일간스포츠에서 주관한 대중문학상에 입상한 바가 있고, 대학 졸업 후에는 영화 전문잡지 취재기자로, 기독교 계통 신문의 칼럼리스트로 활동하기도 했다. 또한 대한예수교 장로회(대신) 여름성경학교 집필위원으로 3년간 교재를 집필하기도 했다.

현재는 크리스천리더출판사와 크리스천리더학교의 대표이며 기쁨의 교회 (joyl.co.kr)를 개척하여 즐겁게 목회하는 개척교회 목사이기도 하다.

안양대학교 기독교 교육학을 전공하였고, 동 대학원에서 목회학(M. Div.) 성경학(Th.M)을 전공했다.

주요저서: 「예수님께서 말씀하신 믿음」, 「여호수아처럼 뛰어라」, 「수험생 100일 큐티」, 「수능큐티」, 「복음큐티」, 「나를 위한 값진 십자가」, 「파워포인트와 그림 시청각설교 시리즈」 등 총 20여종의 저서가 있다.

## [정신일 목사 주요 저서]

여호수아처럼 뛰어라 | 청소년공동체 바로세우기1 | 청소년공동체 바로세우기2 | 청소년공동체 바로세우기3 | 청소년공동체 바로세우기4 | 청소년공동체 바로세우기2-1 | 청소년공동체 바로세우기2-2 | 그참혹한 십자가

 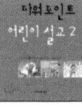     

스토리텔링 파워포인트설교1 | 스토리텔링 파워포인트설교2 | 파워포인트와 그림시청각설교 시리즈 1-7 | 수험생 묵상기도 | 수능큐티 | 나를 위한 값진십자가 | 대학청년부예배 대표기도문